28살, 코로나 학번이 되었습니다

28살, 코로나 학번이 되었습니다

뒤늦은 입학, 다시 꺼내 쓴 나의 첫 문장

초 판 1쇄 2025년 08월 12일

지은이 아윤
펴낸이 류종렬

펴낸곳 미다스북스
본부장 임종익
편집장 이다경, 김가영
디자인 임인영, 윤가희
책임진행 안채원, 이예나, 김요섭, 김은진

등록 2001년 3월 21일 제2001-000040호
주소 서울시 마포구 양화로 133 서교타워 711호
전화 02) 322-7802~3
팩스 02) 6007-1845
블로그 http://blog.naver.com/midasbooks
전자주소 midasbooks@hanmail.net
페이스북 https://www.facebook.com/midasbooks425
인스타그램 https://www.instagram.com/midasbooks

© 아윤, 미다스북스 2025, *Printed in Korea.*

ISBN 979-11-7355-364-6 03810

값 18,000원

※ 파본은 구입하신 서점에서 교환해드립니다.
※ 이 책에 실린 모든 콘텐츠는 미다스북스가 저작권자와의 계약에 따라 발행한 것이므로 인용하시거나 참고하실 경우 반드시 본사의 허락을 받으셔야 합니다.

미다스북스는 다음세대에게 필요한 지혜와 교양을 생각합니다.

뒤늦은 입학,
다시 꺼내 쓴 나의 첫 문장

28살, 코로나 학번이 되었습니다

아윤 지음

미다스북스

프롤로그　006

1장 방황 끝, 다시 '작가'를 꿈꾸다

011　이직만 스무 번, 잘하는 게 없는 것 같아
017　내게 진짜 필요했던 건? 나 돌아보기
022　카페를 지나다 마주한 강렬한 떨림
027　스물일곱, 입사 대신 결심한 입시
031　다시 시작, 내가 가야 할 길

2장 잘 쓰고 싶어 두드린 '대학의 문'

8년 만에 시작된 재수 생활　041
다시 알바생, 현실과 도피 사이　045
달리기보다 어려운 엉덩이 붙이기　050
'그게 되겠어?' 마음의 소리 잠재우기　055
중심 잡기, 방해 요소 제거하기　061
합법적으로 즐기는 문화생활　067

3장 입학, 끝이 아닌 또 다른 시작

079　시험 임박, 경계 태세 발동!
086　세 번의 시험, 세 개의 합격
093　고민, 어떤 대학을 가야 할까
101　늦깎이? 그래도 아직 20대인걸
107　대학만 가면 끝일 거란 착각
114　OT, 입학식, 심지어 수업까지 취소라니?

4장 늦깎이 코로나 학번의 학교 적응기

코로나 학번에게 '에타'는 선배이자 친구   127
신입생이니까 한번은, 동아리   134
입학 2년 만에 열린 학교 가는 길   141
사회생활 경험으로 과제도 잘할 줄 알았지만?   148
같은 과에서 마주친 동갑 후배   155
졸업 논문까지 쓰고도 졸업 못 하는 이유   161

5장 글과 함께, 꿈꾸던 삶은 현재 진행 중

171   알바생에서 강사로, 가르치는 일을 한다는 건
178   방송작가만 꿈꾸던 소녀는 쓰는 사람으로
185   강사도 프리 선언! 목표가 선명해지는 순간
192   새로운 창작에 끌려 도전한 글 전시
199   내가 담긴 공간, 유니크글공방!

에필로그   206

프롤로그

✷

오늘 하고 싶은 걸 참으면
내일이 조금 더 평화로울까?

모두가 하고 싶은 걸 하면서 살 수는 없으니까 처한 현실에 맞게 살아야 한다고 생각했다. 비록 내가 꿈꾸던 '작가'는 되지 못했지만, 그 언저리에 있는 것만으로도 감사하자. 세상을 놀라게 할 글은 못 써도 적어도 키보드를 두드리고 있다는 사실에 스스로를 위로했다.

하지만 나이를 한 살씩 먹을수록 그런 식의 자기 위로도 통하지 않았다. 직장에 정착해 안정적인 월급을 받으며 내 밥벌이를 하고, 부모님께 효도도 하는 그런 사람이 되고 싶었다.

마음을 다잡고 하기 싫은 것도 해야 하는 어른이 되어야 했다. 남들이 다 그렇게 사는 것처럼.

    나 역시 그렇게 살아야 한다는 결론에 도달하면서도 마음 어딘가는 끝내 고개를 끄덕이지 못했다. 왜 나는 그토록 많은 일을 해놓고도 하나의 직장에 오래 정착하지 못했을까. 생각해 보면 이유는 단 하나. 참아가며 버틸 만큼 그 일이 간절하지 않았기 때문이었다. 돈을 벌지 못하더라도, 글을 쓰는 쪽이 조금 더 나답고 조금 더 행복한 것이었다.

    그 마음을 솔직히 인정하고 나니 '잘 쓰는 글'보다 '내가 쓰고 싶은 글'이 무엇인지 비로소 생각할 수 있었다. 처음 작가가 되고 싶다고 느낀 건 열여덟, TV 드라마를 좋아하던 고등학생 때였다. 그로부터 10년이 흘러 다양한 일과 사람을 겪은 경험이 쌓였다. 그 경험을 바탕으로 우리가 부대끼며 살아가는 드라마 같은 현실을 글로 써보면 어떨까. 그 상상은 곧 모든 배우들이 존경하는 드라마 작가가 되는 꿈으로 이어졌다.

    범상치 않은 도전이었다. 무모하리만큼 지지해 주는 사람도 없었다. 하지만 상관없었다. 결과나 목적에 대한 기대 없이

도 글을 쓰는 자체가 행복이었다.

1장

방황 끝, 다시 '작가'를 꿈꾸다

"입사 대신 입시를 선택한 어느 날"

이직만 스무 번,
잘하는 게 없는 것 같아

지금 생각해 보면 기회를 얻는 건 비교적 쉬운 편이었다. 마음만 먹으면 하고 싶은 일을 하는 건 그리 어렵지 않았다. 높은 기준을 요구하는 자리는 내가 눈을 낮추면 그만이었다. 취업 사이트를 열면 늘 일자리는 넘쳐났고, 그중 나와 맞는 곳 하나쯤은 있으리라 막연히 믿었다.

요즘 MZ세대의 특징이라며 떠도는 콘텐츠들을 보면 여러 생각이 든다. 무단퇴사, 노동청 신고, 업무 중 휴대폰 사용까지. 어느 하나 빠짐없이 다 해봤다. 자랑은 아니나 그땐 '을'의 입장인 내가 할 수 있는 최선의 대응이라 믿었다. 진상 손님, CCTV 감시, 최저시급 미지급 등 불합리함에 맞서는 방식이라며 참 미숙한 대처들을 스스로 합리화했었다.

그런 무책임한 선택들은 비어가는 통장 잔액을 보며 조금씩 고쳐졌다. 교통비, 식비, 통신비까지. 더는 기본적인 생활비조차 부모님께 의지할 수 없는 때가 올수록 별거 아닌 금액처럼 보였던 그 '기본'을 지키기 위해선 무엇보다 인내가 필요했다. 무턱대고 대책 없이 퇴사할 수 없다는 사실도 결국 '돈'이 가르쳐준 셈이었다. 어른의 무게는 결국 주머니 사정에서 비롯된다는 것. 그 당연한 세상의 이치를 깨닫고 나니, 나 아닌 타인의 삶을 이해하는 시야도 조금은 넓어졌다. 어떤 위치에서나 어떤 방식으로든, 사람마다 각자의 사정은 있는 법이니 말이다.

20대 후반이 되도록 아르바이트를 전전하며 입사와 퇴사를 반복했다. 그래도 생각보다 마음이 크게 조급하지는 않았다. 부모님께서 유난히 눈치를 주는 분들도 아니었다. 가끔 부모님 친구들의 자녀가 대기업에 다닌다거나, 자식에게 비싼 선물을 받았다는 말을 들으셔도 그뿐이었다. 자랑할 것 하나 없는 딸이라도 구박하거나 재촉하신 적은 없었다. 그저 묵묵히 지켜봐 주셨다. 그런 부모님을 두었다는 게 얼마나 다행스러운 일인지 철없던 시절엔 미처 알지 못했다. 게다가 동생이라도 알아서 제 몫을 다하고 있다는 것도 내겐 크나큰 복이었다.

어쩌다 친구를 만나도 서로의 처지에 대한 신세 한탄이나 겉치레 위로가 전부였다. 자연스레 나와 비슷한 상황의 친구들만 만나게 되면서, 그 좁은 세계가 모든 청년의 현실인 줄로만 알았다. 한바탕 속내를 쏟아놓고 돌아오는 길엔 늘 씁쓸함이 따라왔다. 분명 웃고 떠들어도 돌아오는 길엔 왠지 모를 공허함이 밀려들었다. 서로가 서로보다 낫다고 여기며 자신을 위로하는 만남. 그 안에서 진짜 위로는 늘 비껴갔다.

유튜브나 SNS엔 청년 세대가 어렵다며 대책이 필요하다는 콘텐츠만 눈에 들어왔다. 뉴스에서는 청년 실업률이 치솟고, 최저임금보다 물가가 더 가파르게 오르며 의식주조차 제대로 보장받지 못하는 현실을 전했다. 돈을 벌지 못하니 연애도, 결혼도 포기하는 청년이 늘었다. 결국 꿈마저 포기하며 'N포 세대'라는 신조어까지 생겨났었다.

서점엔 '괜찮다'는 세 글자를 다양한 방식으로 풀어낸 에세이들이 줄지어 있었다. 어차피 다 뻔한 말이라며 선뜻 손이 가지 않았다. 뭐가 괜찮은지도 모를 글을 읽는다고 해서 내 주머니 사정이 나아지는 것도 아니었기 때문이다. 그런데도 많은 청년들이 그 책들 앞에 멈춰 서 있었다. 그 모습을 보며 문득 '나만 그런 게 아니구나.'라는 결론에 닿았다. 그러자 나 역시 어느새 안주할 변명과 핑계만 찾고 있었다.

그러면서도 마음 한편에는 누구에게도 들키고 싶지 않은 감정이 점점 자라고 있었다. "사실은 네가 부족해서 그런 거잖아." 혹여라도 이런 말을 들을까 봐 나는 필사적으로 나를 감추고 감쌌다. 애석하게도 그럴수록 자존감은 더 떨어질 뿐이었다. 스스로 사회 부적응자가 아님을 변명하듯 행동하고 있다는 걸 나도 알고 있었다. 마음이 편할 수 있었던 이유는 단 하나였다. 사람들은 타인의 단점을 굳이 입 밖에 내지 않는다는 것. 살면서 자연스럽게 알게 되는 암묵적인 룰 같은 것이었다. 모른 척해주고 묵묵하게 응원해 주는 것. 어느 쪽이든 그들은 알고 있었을 것이다. 모를 수가 없었을 것 같다.

내 몸은 살아남기 위해 나쁜 기억을 금방 잊어버리는 상태로 나를 만들었다. 하지만 일을 그만두고 나면 그곳에서 받은 상처는 몸 이곳저곳에 고스란히 남았다. 낮이면 기억들이 생생하게 떠올라 두통과 복통으로 답답해졌고, 밤이면 눈앞에 떠오르는 잔상들이 나를 이리저리 끌고 다니며 깊은 심연에 있는 자신을 마주하게 했다. 다시는 아무 일도 하지 못할 것 같던 마음은 어느새 밥을 먹고 산책하고 TV를 보며 잠드는 일상 속에서 서서히 무뎌졌다.

시간이 남으니 쇼핑도 하고 싶고, 여행도 가고 싶어졌다. 새로운 사람도 만나고 싶고, 내 능력을 인정받고 싶은 욕구도 다시 고개를 들었다. 다른 곳에 가서 다른 사람들과 다른 일을 하면 이번엔 잘할 수 있을 거라는 희망이 생겼다. 그 희망은 곧 설렘으로 바뀌었다. 다만, 이전과 같은 일을 되풀이하지 않기 위해 나름의 조건을 세우고, 그 안에서 맞을 것 같은 일을 다시 찾기 시작했다.

그렇게 스무 번이 넘는 이직을 경험하면서도 나는 여전히 평생 하고 싶은 일은 만나지 못했다. 좋은 동료를 만나거나 혼자 일하는 환경이 편해도 끝내 갈등은 찾아오기 마련이었다. 그리고 그 시간들은 나를 성장시키기도 했으며 때때로 무너뜨리기도 했다.

    그럼에도 한 가지 일을 꾸준히 지속한다는 건 여전히 쉽지 않았다. 더 깊이 고민하고 제대로 나를 들여다볼 시간이 필요했다. 마침내 나는 멈춰 서서 물었다. 내가 진짜 원하는 건 무엇이었을까? 내 마음이 들려주는 그 조용한 소리를 듣기 위한 시간이 절실했다.

내게 진짜 필요했던 건?
나 돌아보기

지금껏 경험했던 일 모두 하고 싶지 않았던 건 없었다. 성격상 어떤 일이든 먼저는 하고 싶단 생각이 들어야 할 수 있었다. 다만 그 정도가 약했을 뿐이다. 정말 간절히 원했다기보다 한번 해보면 재밌을 것 같고, 잘할 수 있을 것 같다는 마음 정도였다.

누군가는 취업을 하기 위해 수많은 자격증을 따고, 관련 경력을 쌓기 위해 인턴 생활을 한다. 비록 그 기간이 오래 걸리더라도 최선을 다한다. 어떤 분야에서건 자신이 선택한 분야에서 목표를 이루기 위한 투자를 한다. 쉽게 쉬운 길을 선택하지 않는다. 난 그와 반대였다.

하고 싶은 분야가 생기면 취업 사이트부터 들어갔다. 경력부터 쌓자는 핑계로 무작정 이력서를 뿌렸다. 사무직임에도 엑셀이나 오피스 자격증 하나 없었다. 일하면서 배우면 될 거라는 생각은 결국 내가 준비되지 않은 지원자란 입증만 하는 꼴이었다. 그런 지원자를 뽑아주는 회사에서 제대로 된 업무능력을 요구할 리는 없었다. 물경력을 쌓기도 전에 퇴사하는 건 예견된 일인 셈이었다.

그렇게 안 해본 직종이 없을 정도로 다양한 일을 하다 보니 더는 새롭게 지원할 분야도 없었다. 그럼에도 정착할 곳을 찾지 못했다. 다른 일을 하긴 해야 하는데 뭘 해야 할지 모르는 지경에 이르렀다. 어느덧 20대 후반. 문득 사업을 해보면 어떨까 하는 생각이 들었다. 막연했지만 하고 싶은 건 명확했다. 독립서점을 열어야겠다.

마지막 직장을 그만둔 뒤 3개월의 여유가 주어졌었다. 실업급여 덕분에 금전적인 부담 없이 쉴 수 있는 시간. 그 틈을 타 책을 낼 준비를 했다. 내 사회생활을 담은 에세이를 쓰고 싶었다. 베스트셀러 작가가 되고 싶다기보다 그저 속을 터놓고 싶었다. 부모님에게조차 창피해 말하지 못했던 이야기들을 익명의 누군가에게라도 보여주고 싶었다. 어쩌면 독특하다는 이유로 주목을 받을지도 모르는 일이었다.

7년의 시간을 담으면서 하고 싶은 말도 많았는지 아무리 줄여도 원고는 300쪽이 넘었다. 그렇게 석 달 만에 나는 독립출판 작가가 되었다.

책을 쓰겠다는 건 즉흥적인 결정은 아니었다. 오래전부터 품고 있던 생각이었다. 때마침 독립출판을 알게 됐고 독립서점에서 진행하는 출판 세미나에 참여하게 되었다. 인천과 서울을 오가며 4주간 일주일에 한 번씩 수업을 들었다. 어떤 주제로 글을 써야 책이 될까. 내지와 표지는 어떤 프로그램으로 만들고 인쇄소는 어떻게 고를 수 있을까. 눈으로 보고 귀로 들으니 막막했던 독립출판이 조금씩 윤곽을 갖춰갔다.

원고를 완성하고 부족한 실력으로나마 표지를 직접 디자인해 온라인으로 인쇄를 의뢰했다. 책이 손에 쥐어지기 전까지도 실감이 나지 않았다. 충무로 인쇄소에서 100권 분량의 책을 아버지 차에 실어 오던 날이 아직도 선명하다.

환경 보호를 핑계로 종이 포장을 하고, 굿즈랍시고 손 글

씨로 책갈피를 만들어 넣었다. 대형서점의 매대에 놓이는 책은 아니었지만, 그래서 더 독특하고 재미있었다. 내 멋대로 하는 게 곧 개성이 되는 방식. 그 매력에 빠져 이후에도 몇 편의 독립출판물을 더 만들었다.

그 일련의 과정을 겪으며 문득 생각했다. 나도 책방을 해보면 어떨까. 1인 출판사를 만들어 내 책을 펴내고, 글쓰기 모임을 운영하며 독립출판물을 꾸준히 만드는 삶. 큰돈을 벌겠다는 욕심보다도, 단지 내가 원하는 것을 해보고 싶었다. 이제껏 남들이 짜놓은 판에 억지로 나를 욱여넣으며 살아온 날들을 멈추고 싶었다. 머릿속에선 계속 새로운 아이디어가 떠오르는데 실행하지 못하는 시간이 더 고역이었다.

그 무렵, 그러니까 2019년 즈음엔 독립출판이나 독립서점에 대한 관심이 꽤 높았다. 다양한 모임들이 열렸는데 그중에는 독립서점 사장님들이 창업과 운영에 대한 이야기를 나누는 일회성 강연도 있었다. 인스타그램에서 공지를 보자마자 신청했고 현장에는 꽤 많은 사람이 모여 있었다. 서울에서 손꼽히는 독립서점 사장님들을 한자리에서 본다는 것만으로도 신기하고 설레었다. 덕분에 나아갈 방향에 대한 감도 조금은 잡을 수 있었다.

언론에 자주 소개되는 유명한 책방들도 단지 책만 팔아서 유지되는 게 아니었다. 지금이야 책이나 영상으로도 쉽게 접할 수 있는 정보이나 당시엔 이 모임에서 들은 이야기들이 내게 현실적인 조언이 되어주었다. 책방을 운영한다는 건 생각보다 훨씬 복합적인 일이었다. 사장님들은 각자의 방식으로 수익 구조를 만들며 분주하게 살아가고 있었다. 지속 가능한 책방을 위한, 필수 불가결한 원칙 같은 것이었다.

그에 비하면 나는 그저 한 명의 퇴사자에 불과했다. 조금 더 솔직히 말하면, 고졸 백수. 모아둔 돈은 너무 작고 귀해서 쉽게 꺼내 쓰지 못할 만큼 소중했다. 자취방 한 번 구해본 적 없는 내가 상가 계약서를 쓴다는 건 정말 어른들의 일처럼 느껴졌다. 무작정 환상에 젖어 일을 저지르기엔 아직은 갖춰진 게 아무것도 없었다. 결국 그날, 나는 조용히 결론 내렸다. 지금은 때가 아니구나. 그렇지만 괜찮았다. 적어도 앞으로 어떤 길을 향해야 할지 갈피는 잡을 수 있었으니까.

카페를 지나다 마주한
강렬한 떨림

 전에 없던 목표가 생겼다. 다시 글을 써야겠다는 것. 글을 쓸 때야 비로소 가장 나다울 수 있었다. 그리고 세상엔 다양한 글의 종류가 있다는 것도 알게 되었다. 그전까지만 해도 내 꿈은 '방송작가'라는 단 하나의 명사였다. 하지만 이제는 '글을 쓰는 사람'인 동사가 되기로 했다.
 미숙함 덩어리였던 첫 책을 세상에 던지고 나니 막상 내가 했던 걱정은 기우에 가까웠다. 사람들이 거들떠보지도 않으면 어쩌나, 혹시나 비판과 비난만 쏟아지는 건 아닐까. 더 나아가 전 직장동료가 우연히 책을 보게 되고 그 안에 담긴 나를 단번에 알아채고는 새로운 폭로를 하지는 않을까 싶었다. 끝없는 가정과 불안 속에서 책을 냈지만, 다행히도 그런 일은 일어나지 않았다. 오히려 그 반대였다.

 독립출판은 내게 또 다른 세상을 열어주었다. 혼자서도 충분히 결과물을 낼 수 있다는 용기가 생겼다. 전국 독립서점에 샛노란 내 책이 놓이고, SNS 계정에도 소개됐다. 재입고 요청을 받고, 서울국제도서전에 참가하기도 했다. 그중 가장 기뻤던 건 내 책을 정성스럽게 읽고 리뷰를 남겨준 독자들의 글을 보는 일이었다.
 혹시나 내 글을 읽고 불편해하는 사람이 있진 않을까. 책을 내기까지 가장 많이 했던 고민이었다. 하지만 세상은 내가 생각했던 것보다 훨씬 포용력이 컸다. 삶 곳곳에서 얻은 상처를 다시 세상에서 치유받는 느낌이었다.
 무엇보다 인상 깊었던 건 공감이었다. 개인적인 경험에 공감해 주고 그 안에서 위로를 받았다는 글들을 읽으며 보이지 않는 연대가 형성되는 걸 느꼈다.
 생각해 보면 스스로 내 가치를 너무 낮게 보고 있었던 건 아닐까. 문예창작과 입시에 떨어지고, 방송작가로 오래 버티지 못한 것만으로 '나는 글을 잘 쓰는 사람이 아니야.'라고 단

정해 버렸던 건 결국 나였다. 한 번쯤 더 도전해 볼 기회조차 내가 내게 허락하지 않았던 것이다.

그래서 한 번 더 도전해 보기로 했다. 미련이 남지 않도록. 곧 죽어도 글을 쓰는 사람이 되기로 했다. 내가 쓰는 글이 돈이 되지 않아도 쓰기로 했다. 어차피 다른 일을 해서 떼돈을 벌지 않는 이상, 많은 돈을 벌어도 글을 쓰는 것보다 행복하지 않을 것 같았다. 마음은 확실하게 굳어지고 있었다. 그러나 막상 글을 쓰기로 했어도 당장 뭐부터 시작해야 할지 몰랐다. 작가 지망생들이 모인 카페에 접속해 봤다. 고등학생 때부터 공모전 정보나 대본 자료도 얻고, 생각도 교류하던 온라인 카페였다. 카페엔 여러 공모전 정보들이 있었다. 소설, 시나리오, 드라마 공모 등 굵직한 것부터 사소한 것까지 다양했다.

독립출판을 하기 전, 공모전에 작품을 냈었다. 시나리오 작법서를 보고 엇비슷하게 따라 써봤지만 한 번도 당선된 적은 없었다. 수많은 사람을 만나고 다양한 경험을 하면서 이야기가 있는 드라마를 쓰고 싶었다. 독학으로 무언가 결과를 내기엔 분명 한계가 있었다. 학원이나 아카데미를 등록해야 할까? 글을 배울 곳을 찾아야 했다. 그치만 아무리 합격생을 많이 배출했다는 광고를 봐도 마음이 영 동하지 않았다. 글을 쓰는 데는 나이 제한이 없다. 사설 학원들은 언제든 갈 수 있으니 차선책으로 미뤄두었다. 글을 잘 쓰고 싶다는 생각은 점점 글을 제대로 배우고 싶다는 생각으로 번졌다. 나이가 있으니 방송통신대나 사이버 대학 정도면 괜찮으려나 싶은 생각들이 머릿속에 뒤엉켜 갈 즈음이었다.

눈 녹은 자리 꽃 필 무렵, 종로 쪽 독립서점에 책을 입고하러 갈 겸 엄마와 함께 종로로 나들이를 하러 갔다. 외투 주머니에 손을 푹 찔러넣고 경복궁부터 창경궁, 한옥마을 주변을 돌아보았다. 옛 정취가 물씬 느껴지는 건물과 풍경, 소품샵을 구경하면서 감상에 젖어 들었다. 옛 건물의 고즈넉함 사이사이 보이는 세련된 인테리어들은 묘하고 생경한 느낌이었다.
얼마쯤 걸었을까. 해가 저물어가고 슬슬 배가 고파지면서 저녁 식사를 할 곳을 찾고 있었다. 걷다 보면 어딘가 맛집 하나쯤은 나올 거라는 생각으로 도로 옆 가게들을 눈여겨보며 걷고 있는데 시선이 멈추는 곳이 있었다. 통유리로 된 가게 안은 갤러리처럼 깔끔했고, 그 안의 넓은 테이블에서 서너 명의 사람들이 회의를 하는 듯했다.

노트북과 프린트된 자료를 펼쳐놓고 서로 의견을 나누는 모습. 그들은 즐거워 보였다. 파티션이 곳곳에 놓인 딱딱한 사무실에서 머리 아픈 일을 해내기 위해 안간힘을 쓰는 게 아닌, 하고자 하는 일을 잘 해내기 위해 협심하는 모습 같았다. 자유로워 보이기도 했다. 나도 모르게 걸음을 멈추고 그들을 빤히 바라봤다. 간판도 없는 저 공간은 무얼 하는 공간일지, 어떤 사람들이 어떤 이야기를 나누고 있을지 궁금해졌다. 드라마 속에서나 있을 것 같은 장면이 눈 앞에 펼쳐진 듯했다. 저들이 멋있어 보였다. 그리고 부러웠다. 나도 저 공간 안에 있는 사람들처럼 되고 싶었다.

엄마, 나 저거 해야겠어. 속으로 생각했다. 5년 안에 나도 저 사람들처럼 멋진 공간에서 웃으며 할 수 있는 일을 하겠다고. 그 순간 난 유명한 시나리오 작가가 되어 감독, 배우와 함께 미팅을 하는 상상을 했다. 그렇게 시작되었다. 내 인생 2막이.

스물일곱,
입사 대신 결심한 입시

하고 싶은 게 명확해지니 어디로 가야 할지도 정할 수 있었다. 대학 입학, 한 번 더 도전해 보고 싶었다. 스물일곱에 다시 10년 전처럼 입시생이 되었다. 고등학생이라 생각하고 딱 3년만 열심히 해보자. 꿈이 있다는 생각에 설렜고, 도전할 수 있다는 것에 감사했던 그 시절처럼.

대학 졸업장이 꼭 필요한 건 아니었다. 작가가 되려면 학력보다 글을 잘 쓰는지가 더 중요했다. 내게 필요한 건 딱 두 가지였다. 글을 잘 쓸 수 있는 양질의 교육과 커뮤니티. 혼자서 인터넷을 뒤지는 데는 정보의 한계가 있었다. 또 비슷한 수준의 사람들과 머리를 맞대고 싶었다. 타인의 글은 어떤가 염탐하고 싶은 마음. 더 나아가 그 안에 속하고 싶은 마음.

그리고 인정받고 싶은 마음까지.

한 번 입시에 떨어졌던 경험이 결핍으로 남은 걸까. 이름 있는 대학에 합격하면 굳이 남들에게 설명하지 않아도 실력을 가장 쉽게 증명할 수 있을 것 같았다. 그래야만 미련이 없을 것 같았다.

한편으론 그토록 가고 싶던 대학에선 어떤 식으로 작법을 알려주는지 궁금했다. 어떻길래 그렇게 유명한 작가들을 배출할 수 있었는지. 그땐 그게 마치 정답처럼 느껴졌다. 나도 그런 대학교에 입학만 하면 걸출한 작가가 되어 학교의 명맥을 이을 수 있을 거라고 생각했다. 너무 글을 잘 써서 교수님 눈에 띈다든가, 인맥으로 유명한 작품에 투입된다든가. 더 나아가 동기들과 함께 작품을 만들어 영화제에 출품해 입상까지 하는 상상까지. 그런 상상들을 하며 열일곱 소녀의 마음으로 돌아가고 있었다.

재수, 대학교 입시를 준비하기 위해선 도움이 필요했다. 문예창작과에 입학하려면 실기 시험을 통과해야 했다. 학교마다 조금씩 조건은 다르지만, 보통 2시간 내에 주어진 시제에 맞는 소설이나 시를 써야 한다. 백일장과 비슷한데 그만큼 글을 잘 쓰는 사람을 뽑겠다는 뜻이었다. 그래서 내가 글을 잘 쓴다는 걸 증명하려면 글을 배워야 했다. 한 번 입시를 경험해 봤다 해도, 10년이 지나면 다 잊은 지 오래였다.

종로에 다녀온 직후 바로 문창과 과외나 학원을 인터넷으로 검색했다. 고등학생 때는 정보가 많지 않아 네이버 카페를 뒤졌고, 인천에서 서울까지 매주 수업을 들으러 갔었다. 그때 다녔던 작은 학원이 어느새 강남의 대형 학원이 되어 있는 걸 보니 시간의 흐름이 와닿기도 했다.

지금은 그때보다 학원이나 과외가 많아졌지만 이미 유명한 곳은 정원 마감이었다. 규모 있는 학원은 보통 개강 시기가 정해져 있어 2월 말에 들어가기란 어려운 일이었다. 결국 과외 쪽으로 눈을 돌렸다.

그때와 달라진 점은 블로그를 통한 개인 과외가 많아졌다는 것이다. 선생님의 이력과 합격자 명단, 커리큘럼까지 꼼꼼히 확인했다. 그중에서 내가 가장 중요하게 생각한 건 선생님의 나이와 경력이었다.

학원부터 먼저 알아본 이유도 나이 때문이었다. 늦깎이 재수생인 나로선 나보다 어린 선생님에게 배우는 게 쉽지 않았다. 물론 대부분의 과외는 대학생이 많이 하지만, 어느 정도 경력이 쌓인 분들도 과외를 하기도 했다.

나보다 나이가 많고 경력이 풍부한 분들을 알아보니 자연스럽게 분야도 다양했다. 방송작가를 하신 분, 신춘문예에 당선된 분 등 여러 배경이 있었다. 하지만 내가 원하는 과는 극작과였기에 그만큼 시나리오처럼 스토리가 있는 글을 쓸 수 있는 선생님이 필요했다.

꽤 까다로운 듯했지만, 운명처럼 내게 딱 맞는 선생님을 찾았다. 현역 극작가로 활동하시는 한예종 출신의 선생님. 이력만으로도 멋있게 느껴졌다. 게다가 학원처럼 여섯 명 그룹과외를 진행하고 있었다. 입시를 준비하면서 타인의 글을 통해서도 배울 점이 있다고 생각했기에 그룹과외를 원하고 있던 내게 정말 딱인 셈이었다. 곧바로 문의를 드린 뒤 상담을 받고 등록을 했다.

일주일에 두 번, 이수역과 사당역 사이 어딘가를 오가며 글을 쓰는 시간이 시작되었다.

다시 시작,
내가 가야 할 길

오랜만에 노트북을 켜고 파일을 뒤져보았다. 누구에게나 공개할 수 없는 비밀스러운 파일 하나쯤 있듯 나에게도 그런 파일이 있었다. 아무에게도 보여주지 않고 혼자 몰래 써 내려간 습작 파일. 언젠가 세상에 빛을 볼 날을 기대하며 써 내려간 글들이었다.

다시 입시에 도전하기 전까지도 나는 나름 글로 승부를 보고자 여러 곳의 문을 꾸준히 두드려왔다. 열여덟, 알바를 하던 시절엔 웹소설도 연재했었다. 웹소설에 대한 기초도, 지식도 없이 그저 쓰고 싶은 대로 썼다. 오로지 내 소박한 경험과 부풀려진 상상력에만 의존한 글들이었다. 그 시작은 어쩌면 중학생 때부터였는지도 모른다. 친구들을 주인공으로 동화를 짓고, 연예인을 등장시켜 팬픽을 쓰던 시절. 그때부터 이미 제멋대로 이야기를 지어내는 걸 좋아했다. 말이 되든, 되지 않든. 작법의 기초나 장르의 공식 같은 건 무시가 기본이었다. 내가 쉽게 쓸 수 있고 내가 재밌다면 그걸로 충분했다.

뒷심이 부족해 끝까지 완결을 내지 못한 글들만 차곡차곡 쌓여갔다. 연재일을 따로 정하지도 않았다. 누구나 글을 올릴 수 있는 대형 플랫폼이었지만, 독자들 눈에 띄는 건 쉬운 일이 아니었다. 그래서 애초에 누군가 내 글을 읽어주리란 기대도 없었다. 그럼에도 혹시나 출판사 직원 눈에 띄어 출간 제의를 받게 되지는 않을까, 베스트 인기 소설로 등극하지는 않을까 하는 기적 같은 망상을 품고 글을 올리곤 했다. 작가적 상상력이란 건 일상에서도 늘 그런 식으로 부풀려지기 마련이었다.

웹소설 연재는 결국 이렇다 할 소득 없이 끝났다. 지금 보면 중학생이 써도 이것보단 잘 쓰겠다 싶을 정도로 유치한 사랑 이야기였다. 그래도 가끔은 응원의 댓글이 달리기도 했고, 소소하게 수익이 생기기도 했다. 그 덕에 일이 없는 날이면 도서관에 가 노트북을 켜 어떻게든 스토리를 짜내 보려 애썼지만 늘 역부족이었다. 웹소설이라는 장르에 큰 관심도 없으면서 그저 재미있는 이야기를 쓰고 싶다는 마음 하나로 완결까지 가는 건 무리였다. 글에 대한 재능을 확인받고 싶었지만, 결국은 좌절만 반복되었다.

시간이 지나며 사회생활과 인간관계의 경험이 쌓이니 자연스럽게 드라마와 영화에 관심이 생겼다. 호흡과 분량이 긴 드라마보다는 단막극이나 영화가 더 끌렸다. 학창 시절 희곡을 써 우수상을 받았던 기억을 떠올리면, 같은 이야기라도 소설보다는 극본이 내게 더 맞는 듯했다. 짧게나마 방송작가를 해본 경험도 있었으니 구성이 탄탄하다면 공모전에서도 통할 거라 여겼다. 설렘은 언제나 망상에서 비롯되었고, 결국 그 망상이 날 움직이게 만들었다.

하지만 내가 발을 들이려 했던 세계는 바늘구멍보다도 좁았다. 글을 잘 쓴다고 해서 해결되는 일이 아니었다. 인터넷을 뒤져가며 유명 작품의 시놉시스나 대본을 읽다 보면 정말이지 술술 읽혔다. 그게 그렇게 읽히기까지 무수히 많은 수정을 거듭했을 거란 사실은 간과한 채. "이 정도면 나도 쓸 수 있겠는데?" 어느새 그런 교만한 생각까지 들었다. 마치 방구석에서 월드컵 경기를 보며 탄식을 쏟아내는 사람처럼, 시나리오에 대해 아무것도 모르면서도 함부로 말하고 있었다.

 몇 편의 작품을 읽고 시나리오 작법서를 참고하며 하나의 작품을 완성하는 건 생각보다 어렵지 않았다. 제목을 짓고 인물을 만들며 줄거리를 정리한 후, 양식에 따라 장면을 하나씩 이어 붙이는 방식이었다. 익숙하지 않은 시나리오 용어를 배워 적재적소에 활용하는 게 조금 까다롭긴 했지만, 아예 불가능한 일은 아니었다. 그렇게 90쪽 분량의 영화 시나리오를 뚝딱 써냈다.

 제목은 〈이런 어린 우리〉. 20대 청춘의 이야기를 담은 작품이었다. 내가 겪었던 사회생활의 경험을 토대로 에피소드를 구성하고 인물들도 현실에 있을 법한 사람들로 설정했다. 나이는 차는데 일은 뜻대로 풀리지 않는 답답함. 그 마음을 통해 사람들에게 위로를 전하고 싶었다. 어쩌면, 그건 내가 가장 받고 싶었던 위로였을지도 모른다.

소설처럼 문장을 다듬고 꾸며야 하는 글과 달리, 극본은 머릿속 장면을 그대로 옮겨낼 수 있다는 점에서 훨씬 편했다. 쉽다고는 말할 수 없었지만, 분량을 채우고 하나의 작품으로 완성하는 과정은 소설보다 수월하게 느껴졌다.

이 시나리오를 완성했을 즈음, 유독 비슷한 청춘 이야기가 쏟아져 나오고 있었다. 영화나 드라마 곳곳에서 청년의 현실을 다루었고 관련 정책까지 우후죽순 생겨났다. 내 시나리오 역시 현실에 약간의 상상력을 덧붙인 이야기였기에 특별하게 보일 수 있는 여지가 많지 않았다.

그래도 궁금했다. 내 글이 어떤 위치쯤에 있을지. 부족한 글이란 걸 알면서도 시나리오 작가들이 모인 온라인 카페에 올렸다. 쓴소리라도 듣고 싶을 만큼 피드백이 간절했다. 예상보다 따뜻한 반응들이 이어졌다. 몇몇 분은 정성스러운 분석과 진심 어린 조언을 남겨주었고, 덕분에 나는 잠시나마 예비 시나리오 작가가 된 기분에 젖었다.

이후 영화 시나리오와 단막극 대본을 몇 편 더 완성해 다양한 공모전에 도전했다. 이름만 들어도 알 만한 굵직한 공모전이라면 대부분 참가했다. 결과는 전부 낙방이었다. 퇴고도 몇 번 거치지 않은 글이니, 어쩌면 당연한 결과였다.

작법서는 시나리오 쓰는 법을 알려주지만 내가 쓴 글에 대해 답을 주진 않았다. 많은 작품을 본다고 해서 실력이 눈에 띄게 늘지도 않았다. 얼마나 오래 글을 써왔든, 습작을 몇 편이나 쌓았든, 공모전 앞에서는 누구나 한 명의 지원자일 뿐이었다.

3년. 그 시간 동안 내가 특별하다고 믿었던 착각은 서서히 깨져갔고, 남들과 다르지 않은 평범한 현실 앞에 나는 조금씩 고개를 숙여야 했다.

대학 입학만으로 작가의 길이 열리는 건 아니라는 걸 안다. 하지만 나는 대학에서 '길을 여는 열쇠들'을 하나씩 찾아보기로 했다. 수업을 통해 꿈을 찾고, 선후배를 보며 동기를 얻고, 대학 생활 속에서 낭만을 발견하며 나를 채워가는 것. 그렇게 수많은 것들을 발견하고 또 채우다 보면, 결국엔 어떤 이야기든 잘 써내는 사람이 되어 있을 거라 믿는다. 그게 내가 다시 시작하려는 이유이자 앞으로 나아가야 할 방향이다.

나를 마주하게 한 문장들

뭘 좋아하는지, 어디로 가고 싶은지조차 잊은 채 살아온 시간들. 지금의 네 마음은 오래도록 눌린 자국처럼 쉽게 지워지지 않는 상처들로 가득해.
그 노래처럼—

"쉬어 가도 돼."

tvN 드라마 〈로맨스는 별책부록〉 OST 〈pray〉 中, 모트

그 흔한 말이, 어느 날은 진심처럼 와닿는다.
흘려보내던 말들이 다시 날 붙잡는 순간.
그런 순간이 모두에게 꼭 한 번씩은 찾아오기를 바란다.

2019년 초, 독립출판을 하고 내 책을 입고했던 독립서점을 우연히 드라마에서 볼 확률은 얼마나 될까. 현재의 나에게 스스로도 확신이 없을 때에도 시그널은 계속되고 있었다. 그냥 흘려듣던 위로의 말이 진정으로 와닿게 되는 순간, 그 순간이 모두에게 한 번씩은 찾아오기를.

2장

잘 쓰고 싶어 두드린
'대학의 문'

"일하는 것보다 힘든 건 책상 앞에 앉아있는 일"

8년 만에 시작된
재수 생활

첫 수업을 듣는 날, 떨리는 마음으로 공부방 문을 열었다. 교복을 입은 앳된 얼굴들이 많았다. 내가 제일 나이가 많으면 어쩌지 싶은 괜한 걱정이 들었다. 낯도 많이 가리는 성격이라 통성명을 하기 전부터 어떻게 친해져야 할지 머릿속으로 시뮬레이션을 돌렸다.

8년 만에 다시 문창과 입시생이 되어 앉은 자리. 공책을 펼치고 펜을 드니, 마음만은 다시 열아홉 살 고등학생이 된 듯했다. 각자 주제에 맞춰 글을 쓰고 개별 피드백을 받는 수업. 그 순간만큼은 그때와 다를 게 없었다. 펜촉이 종이를 긁는 소리조차 반가웠다. 가장 설레는 순간이었다. 그 마음마저 그 시절과 똑같았다.

누군가 내 글을 읽고 어떤 말을 해줄지 기대하게 되는 순간. 이상하게도 걱정보다 기대가 앞섰다. 어쩌면 당연히 좋은 말을 들을 거란 막연한 믿음이었다.

 돌이켜보면 열아홉의 나는 칭찬보다는 고쳐야 할 점을 더 많이 들었다. 지금 보면 보이는 부족한 점들이 그땐 보이지 않았다. 선생님인데 왜 내 글의 숨은 의도와 진가를 몰라주냐며 답답해하기도 했다. 수업을 들을수록 못난 마음만 삐죽삐죽 자랐고, 학원을 옮겨봐도 달라지는 건 없었다.

 이번에는 그러지 말아야지. 수업 방식이 예전과 같더라도 나는 달라야지. 스물일곱이 되어 첫 피드백을 받기 전까지 마음속으로 되뇌었다. 무슨 말을 들어도 겸허히 받아들여야 한다고. 그런 마음으로 선생님과 함께 본 내 글은 확실히 예전과 달랐다. 칭찬과 인정에만 몰두하지 않고, 내 글의 장점과 단점을 또렷이 바라보는 것. 그래야 비로소 발전할 수 있다. 다시 책상 앞에 앉은 내가 바라는 건 그뿐이었다.

 8년이라는 시간은 대학 입시의 풍경도, 요구되는 글의 결도 많이 바꾸어놓았다. 한 번 해봤다고, 사회에서 조금 써봤다고 해서 내세울 건 없었다. 어떻게 써야 했는지도, 어떤 글이 합격을 부르는지도 알지 못했다. 모든 게 낯설고 새로웠다. 이제 막 알에서 깨어난 새끼 오리처럼 내가 믿고 의지할 사람은 오직 선생님뿐이었다.

 뒤로 물러날 생각이 없던 나는 선생님의 말 한마디도 놓치지 않으려 애썼다. 아니, 애쓴다기보다 저절로 그렇게 되었다. 글귀가 트인 걸까. 선생님의 피드백은 유독 잘 들리고 또 잘 이해되었다. 내 생각에 선생님은 솔직하시고 핵심을 간결하게 짚어주시는 분이었다. 구태여 긴 설명을 덧붙이지 않아도 될 만큼 한 문장 안에 중요한 포인트를 정확히 담아내는 분. 그 말을 찰떡같이 이해할 수 있게 된 데에는, 살아오며 보고 듣고 겪은 시간들이 쌓여 있었기 때문일지도 모른다.
 한 번 글귀가 트이니 피드백을 받는 시간이 기다려지기까지 했다. 3시간 수업임에도 남아서 보충 설명을 부탁하며 선생님을 귀찮게 한 적도 있었고, 가끔은 수업 시작 30분 전에 도착하는 게 하루 중 가장 설레는 일이 되기도 했다. 내가 미처 보지 못한 부족한 부분을 선생님이 짚어주실 때면, 정말 놀라울 정도로 정확했다. 마치 "유레카!"를 외치고 싶은 순간처럼. 그 피드백을 반영해 퇴고하고, 잘했다는 칭찬까지 듣게 되면 더 바랄 게 없었다. 그 순간만큼은 내가 정말 글을 잘 쓰는 사람인 것 같았다.

배우는 재미가 크다 보니 오히려 친목이 방해가 될까 싶어, 초반에는 같이 수업을 듣는 친구들에게 쉽게 곁을 내주지 않았다. 게다가 나이 차이가 많은 내가 혹시 불편하진 않을까 하는 생각도 있었다. 수업 시간엔 조용히 글만 쓰고 모두가 집에 갈 때도 나머지 수업을 듣던 나를 친구들은 신기하게 여긴 모양이었다. 고맙게도 먼저 다가와 주었다.

알고 보면 나이대도 다양했다. 열아홉 고등학생뿐 아니라 20대 재수생도 있었고, 나보다 언니도 있었다. 서로 어떻게 글을 쓰게 되었는지 이야기하고, 각자의 고민도 조심스레 꺼내며 우리는 조금씩 가까워졌다. 그렇게 'A반'이라는 이름 아래 하나의 공동체가 되어갔다. 든든한 글 친구들이 있음에 감사했다. 이들과 함께여서 늦깎이 입시생이란 타이틀도 덜 버겁게 느껴졌다.

다시 알바생,
현실과 도피 사이

　부모님은 다시 대학교 입시를 준비한다는 딸을 말리지 않으셨다. 말려도 들어먹을 딸이 아니라는 걸 아시기 때문이기도 했다. 그렇다고 해서 전폭적인 지지를 받을 수도 없었다. 도움을 받기엔 내 마음이 편하지 않았다.
　스스로 생각해도 남들과 아예 비교하지 않을 수 없었다. 보통 여자가 20대 후반이면 사회적으로 자리를 잡아가는 시기였으니까. 나 역시 그렇게 생각했었다. 그래야만 한다고, 남들이 다 그런 것처럼.

　스물다섯, 다니던 직장에서 진급하고 싶은 욕심에 야근도 자처하던 때였다. 그래 봐야 고작 6개월 차 신입사원의 열정이었지만, 이 나이엔 이래야 한다고 스스로 여겼었다. 더는 아르바이트로 시간을 때우면 안 되는 나이. 나이에 대한 압박은 관심도 없던 회계학원까지 등록하게 만들었고, '경력을 쌓아야 한다.'는 부담은 뭐든 다 하는 예스걸을 만들어냈다. 더 이상 어느 조직에 가도 막내는 아니었고, 동갑인 상사를 만나기도 했으니 현실이 피부에 와닿았다.

이대로 나이만 먹다간 경력 없는 신입이 되어 어느 곳에서도 일할 수 없을 거란 불안이 커질 때였다. 1년 만에 방송작가 아카데미에서 함께 공부했던 친구를 만났다. 그 친구는 문예창작과 입시를 준비하고 있다고 했다. 다른 학과를 졸업하고도 다시 입시를 준비한다는 건 글에 대한 열정이 대단했던 걸 테지만, 그때 나는 그 선택을 온전히 이해하지 못했다. 내심 걱정도 했다. 이런 나이에 다시 입시라니, 졸업은 어떻게 할까.

그랬던 내가 2년 뒤 그 친구와 똑같은 상황이 되었다. 지금의 나였다면 그 친구의 결정을 진심으로 응원해 줄 수 있었을까. 솔직히 잘 모르겠다. 다만 뒤늦게나마 미안한 마음이 들었다. 그때 나는 내 좁은 시야로 친구의 인생을 판단하고 있었다. 아무리 숨기려 해도 그런 생각은 말투와 표정, 눈빛에 다 묻어났을 테니까. 걱정이라는 이름을 붙였지만, 어쩌면 그 말들은 그 친구에게 상처가 되었을지도 모른다.

그래서 마음이 편치 않았다. 내가 그 친구를 보며 했던 걱정대로라면 지금쯤 회사에서 대리쯤은 되어 있어야 할 텐데 현실은 아르바이트생이었다. 입시에 전념하겠단 이유로 주말 알바를 시작했다. 직장인만큼 돈을 벌 순 없어도 생활비와 과외비는 직접 감당하고 싶었다. 그거라도 해야 할 것 같았다. 그래야 설령 시험에 떨어지더라도, 내 선택에 떳떳할 수 있을 것 같았다.

그런 생각을 해본 적이 있다. 만약 내가 직장생활에 잘 적응하고, 경력을 인정받아 진급까지 했더라도 글을 쓰고 싶었을까? 지금의 결정이 정말로 글에 대한 갈망에서 비롯된 걸까? 아니면 수많은 실패에 떠밀려 어쩔 수 없이 선택한 도피는 아닐까. 사실 나는 그렇게 글을 잘 쓰는 것도 아닌데, 얼마나 대단한 글을 쓰겠다고 굶어 죽더라도 쓰겠다고 다짐한 걸까. 만약 입시마저 실패하면 그땐 정말 뭘 해야 하지?

학생 때는 그렇게 공부가 싫더니, 사회생활을 해보니 왜 다들 그 시절을 그리워하는지 알겠다. 더군다나 해야만 하는 공부가 아닌 하고 싶어서 하는 공부는 꽤 달콤했다. 열심히 꿈을 좇으며 공부하고, 그 와중에 아르바이트도 하는 나. 어쩌면 '이 나이에 왜 알바를 하냐.'는 질문에 대한 답으로도 제법 잘 포장된 명분이었다.

이보다 더 그럴듯한 도피처가 있을까. 그럼에도 마음 한구석이 편치 않은 건 매일 아침 알람 소리 때문이었다. 오전 7시 반. 아버지는 출근하셨고, 그보다 먼저 일어난 어머니는 아침밥을 짓고 계셨다. 평생을 평일에 바쳐온 부모님의 삶. 고작 몇 년의 사회생활도 벅찼다. 따뜻한 방 안에 누워 문 닫히는 소리에 깰 때면 그 소리에 놀라 눈을 감아버렸다.

그 이틀. 고작 하루 5시간씩 하는 일이어도 울컥하는 순간은 어김없이 찾아왔다. 그래도 끝이 있다는 생각에 버틸 수 있었다. 최선을 다해 인정받으려 애쓰지 않으니 흘려보낼 여유도 생겼다. 진짜 하고 싶은 일을 하기 위해 잠시 머무는 곳일 뿐, 딱 8개월만 참자고. 그렇게 다짐하며 한고비를 넘기니 어느덧 한 달이 지났고, 또 한 번 참으니 석 달이 흘러 있었다. 그렇게 나의 도피 생활은 순식간에 지나가고 있었다.

달리기보다 어려운 엉덩이 붙이기

　가만히 앉아있는 건 생각보다 쉽지 않았다. 오랜 시간 책상 앞에 엉덩이를 딱 붙이고 앉아있노라면 좀이 쑤시기 마련이다. 글 쓰는 힘이 엉덩이에서 비롯된다는 말이 괜히 있는 게 아니다.

　몇 시간을 내리 앉아 있는 것도 곤욕이지만, 더 힘든 건 그렇게 앉아 있으면서도 몇 문장조차 쓰지 못할 때다. 분명 글을 쓰려고 노트북을 켰는데 그저 깜빡이는 커서만 멍하니 바라보고 있을 때. 키보드를 두드리는 시간보다 멍하니 앉아 있는 시간이 더 많아지는 건 어쩔 수 없는 숙명이라고 생각한다.

　아무리 글을 써도 좀처럼 속도를 내기가 어렵다. A4 한 장

반 분량의 글을 쓰는 데 반나절, 길게는 이틀에서 사흘이 걸리기도 했다. 문예창작과 입시 시험은 보통 1시간 반에서 2시간 안에 2,000자 이내의 짧은 이야기를 써야 한다. 그 짧은 2시간을 위해 짧게는 몇 달, 길게는 몇 년을 준비한다.

대학교마다 시험 방식이나 주제나 형식은 조금씩 다르지만, 제한 시간 안에 남들보다 독창적인 글을 써야 한다는 건 같다. 수험생이 수능을 준비하듯 문창과 입시생은 매주 다른 주제로 글을 써낸다. 짧은 이야기를 '꽁트'라고 부르는데, 말하자면 일주일에 최소 두 편씩 꽁트를 써야 하는 셈이다.

집에서 과제로 꽁트를 써서 제출하면 공부방에 가 선생님께 피드백을 받았다. 합평은 따로 없었다. 때론 다른 친구들이 보는 내 글은 어떨지 궁금하기도 했지만 괜찮았다. 이전 학원에서의 경험을 비추어 봤을 때, 전문적이지 않은 사람들끼리 피드백을 주고받는 걸 지양한다는 선생님의 말에 어느 정도 동의하는 바였다. 내 글을 타인에게 내보인다는 건 꽤 용기가 필요한 일이기도 했으니 말이다.

과외를 받기 시작한 초반엔 꽁트 한 편을 쓰는 데 8시간이 걸렸다. 점차 감을 잡아가면서 조금씩 단축되긴 했지만, '이 래서 과연 시험을 제대로 볼 수 있을까.' 하는 걱정은 끝까지 사라지지 않았다. 보통 무슨 글을 쓸지 생각하는 데만 2시간이 넘었으니까. 1시간 반 안에 꽁트를 쓴다는 건 도무지 상상이 되지 않았다.

다른 친구들과 비교해 봐도 내가 유독 느린 편이었다. 뚝딱 1시간 안에 써낸다는 말을 들을 때면 어쩜 그리 순식간에 써내는지 신기하기도 했다. 문장 한 줄, 단어 하나에 막혀서 수십 분을 끙끙거리고 있노라면 답답해 미칠 노릇이었다. 대충 넘어갈까 하다가도 기어코 마음에 걸렸다. 붙들고 있다가 도저히 안 되면 잠시 멈추고 머리를 식혔다. 가끔은 엉덩이를 떼야만 글이 앞으로 나아갔다. 연습임에 감사하며 6개월 가량은 꽁트 한 편을 쓰면서도 엉덩이를 수차례 들썩였다.

'연습이니까 괜찮다.'며 시간 관리에 대한 고민은 자꾸만 뒤로 미뤘다. 언젠가는 빨라지겠지, 잘 써서 칭찬받고 싶다는 욕심이 컸다. 선생님의 칭찬은 내 엉덩이를 의자에 붙여주는 딱풀 같았다. 고심해서 쓴 문장을 정확히 짚어주셨고, 고칠 점이 없을 땐 무엇이 좋았는지도 자세히 알려주셨다.

짧지만 강렬한 그 느낌에 중독되면 글을 쓰다 하루가 다 가도 좋았다.

한 번에 쓴 초고는 완성도가 높을 수 없다. 퇴고를 반복해야 비로소 완고가 된다. 완고가 많을수록 시험에 대비할 든든한 총알이 된다. 구성부터 소재, 인물과 사건의 개연성, 주제에 이르기까지. 사소한 부분까지 완벽에 가까워질 때까지 수정을 거듭한다. 적게는 한 번, 많게는 열 번이 넘어가기도 한다. 새로운 주제로 글을 쓰는 건 구상하는 재미라도 있지만, 같은 글을 반복해서 고치는 건 생각보다 훨씬 고역이다.

정말 하고 싶지 않은데 피할 수도 없다. 사소한 걸 하나 고치려다 보면 글 전체가 뒤틀리고, 때로는 내용을 전면 수정해야 할 때도 있다. 꽁트 한 편을 완고로 만드는 데 몇 주가 걸리기도 하지만, 다 하고 나면 그만큼 뿌듯하다. 이렇게 완고의 감을 익히다 보면 다른 주제에도 적용해 초고부터 완고에 가까운 글을 쓰는 게 가능해진다. 이전엔 자신이 쓴 완고 몇 편을 외워 시험 주제에 끼워 맞추기도 했지만, 요즘은 대학 입시도 호락호락하지 않다. 절대 그런 방식이 통하지 않도록 까다로운 조건을 제시한다.

  8개월 넘는 시간 동안 매주 두 편씩 꽁트를 썼지만, 완고는 열 편도 채 되지 않았다. 중간에 퇴고를 포기한 것까지 합쳐도 크게 다르지 않다. 책상 앞엔 거의 매일 앉아 있었던 것 같은데도. 엉덩이를 붙이고 앉아 있는 시간은 내게 어찌 보면 당연한 일이었다. 습관처럼 일단 앉는 것. 노트북을 켜고 깜빡이는 커서를 피하듯 한참을 멍하니 있다 보면 어느새 생각에 잠긴다. 시간이 얼마나 흘렀는지도 모른 채 창밖을 바라보다가 어떻게든 다시 써 내려가게 된다. 어쩌면 그 시간까지가 글을 쓰는 일의 일부인지도 모르겠다.

  여전히 '빨리 쓰고 싶다'는 마음보다 '잘 쓰고 싶다'는 마음이 앞선다. 떠오르지 않는 생각을 끄집어내고, 복잡해진 생각을 정리해 알맞은 단어를 골라 문장으로 엮는 일. 그 모든 작업을 가능케 해주는 이 엉덩이에게 고맙다.

'그게 되겠어?' 마음의 소리 잠재우기

내 안에 자리한 불안은 이따금씩 자신의 존재를 드러냈다. 수능처럼 확실한 정답이 있는 시험이 아니다 보니 합격할 수 있을지에 대한 확신이 서지 않았다. 매주 글을 쓰고 책을 읽고 수업을 들어도, 잘하고 있는 건지 알 수 없었다. 실력은 제자리걸음인 것 같고, 합격한 사람들의 글과 비교할수록 자존감은 뚝뚝 떨어졌다.

합격작의 스타일은 참 다양했다. 같은 주제인데도 분위기나 장르가 정반대인 경우도 많았다. 어떻게 이런 생각을 해냈을까 감탄하게 되는 글, 기성 작가처럼 매끄러운 문체에 눈이 멈추는 글도 있었다. 이 정도는 써야 합격하는 거구나 싶었다. 내 글은 너무 평범하고 밋밋해 보였다.

한번은 그동안 썼던 글들을 천천히 다시 들춰봤다. 쓸 때는 세상 완벽해 보였던 글들이 다시 보면 어색한 문장만 눈에 띄었다. 소재는 흔해 보이고, 주제는 단순하고, 문장은 길고 부자연스러웠다. 내 글은 합격에 걸맞은 글인지 검열하게 됐고, 그 검열은 어느새 더 새롭고 독특한 글을 써야 한다는 강박으로 이어졌다.

시험을 통해 합격생을 뽑는다는 건 채점 기준이 있다는 뜻이다. 마치 열린 정답처럼 그 기준에 부합하는 글을 써내면 되는 일이었다. 하지만 대부분의 입시생은 자신의 글이 가장 창의적이고 기발할 거라 착각한다. 이 아이디어는 아무도 떠올리지 못했을 거라고 굳게 믿으며 신나게 글을 쓴다. 나 역시 그랬다. '어떻게 이런 생각을 했지?'라며 스스로를 기특하게 여기곤 했다. 물론 그런 자부심은 선생님의 피드백 앞에서 금세 무너지기 일쑤였지만, '이번엔 다를 거야.'라는 확신은 거의 매주 되풀이되곤 했다.
그땐 독창적인 아이디어만이 심사위원의 눈에 띌 수 있는 유일한 방법이라 믿었다. 많게는 수백, 수천 편의 글을 읽어야 하는 심사위원들이 첫 문단만 보고 판단하거나 심지어 제목만 읽고 넘긴다는 소문도 있었다. 그 소문에 팔랑이는 건 결국 결과를 알 수 없다는 불안 때문이었다. 3년을 준비하자 다짐하고 시작했지만, 불합격을 마주하는 건 여전히 두려운 일이었다. 기대는 크지 않아도 최선은 다하고 싶었다.

기발한 소재를 찾고자 부단히 애썼다. 판타지를 다룬 영화나 드라마를 챙겨 보고, 신기한 현상을 소개하는 TV 프로그램도 정기적으로 찾아봤다. '이런 일도 실제로 가능해?' 싶은 이야기들은 메모해 두었고, 국내 콘텐츠에서 한계를 느낄 때면 해외로 눈을 돌렸다. 그중 가장 많이 참고했던 건 일본의 〈기묘한 이야기〉였다. 30년 넘게 방영된 장수 드라마로, 옴니버스 형식의 단편들이 각자 다른 세계를 그리고 있었다.

고등학생 때 일본어 선생님이 수업 중 보여주셨던 이 드라마가 수년이 지나 문득 떠오른 건, 워낙 인상 깊었기 때문이다. 캔을 따면 미녀가 나오는 통조림 에피소드, 사람이 자판기가 되는 이야기처럼 지금은 유머 소재로도 쓰이는 설정이지만 그땐 정말 참신하게 느껴졌다. 이야기의 구조를 알고 나서 다시 보니 단순히 기이한 설정을 넘어 전달하고자 하는 메시지가 뚜렷했다. 참 잘 짜인 이야기였다.

  판타지처럼 독특한 소재는 오히려 더 쓰기 어렵다. 현실에 존재하지 않기에 상상력을 마음껏 펼칠 수 있을 것 같지만, 그래서 더 많은 설정이 필요하다. 이를테면 미래를 배경으로 하는 이야기만 해도 기술의 발전 속도부터 사람들의 생활 방식, 그 안의 질서와 가치관까지 치밀하게 구성해야 한다. 소재가 아무리 기발해도 설정이 어설프면 독자의 몰입은 금세 무너진다.

  타임머신, 초능력, 인공지능, 회귀처럼 남들이 잘 다루지 않는 소재로 글을 써볼수록 결과는 신통치 않았다. 마치 내 옷이 아닌 걸 억지로 걸친 느낌이었다. 김은희 작가가 스릴러를, 김은숙 작가가 로맨스를 가장 잘 쓰는 것처럼 나 역시 판타지는 내 장르가 아니었다. 합격한 사람들의 글을 모방하려 애쓰느라 정작 내가 잘 쓸 수 있는 글이 무엇인지 돌아볼 틈이 없었다. 그들은 '독특한 소재'를 사용했기 때문이 아니라, 그 소재를 '잘 썼기 때문에' 합격한 것이었다는 사실을 나는 놓치고 있었다.

입시를 준비하면서 암묵적인 룰 같은 게 존재했다. 합격하려면 이런 식으로 써야 한다는 식의 공식. 그게 싫으면서도 놓을 수 없었다. 그것이라도 붙잡고 있어야 무언가 준비하고 있다는 느낌이 들었으니까. 믿는 구석이 없었던 것이다. 결국엔 깨달았다. 내 글이 가진 장점도, 내가 진짜로 쓰고 싶은 글도 보지 못한 채, '합격할 만한 글'을 쓰려고만 했다는 걸. 실체조차 모호한 기준에 끌려다니느라 정작 내 글은 쓰지 못하고 있었던 것이다.

불안이 꿈틀댈 때면 선생님을 찾았다. 누가 썼는지도 모를 인터넷 정보를 보고는 전문가인 선생님에게 확인하려 했다. 그때마다 카톡으로, 메일로, 대화로 본인이 아는 내에서 설명해 주셨다. 이제 와 지난 메시지들을 보면 왜 그랬는지 부끄러워 숨기고만 싶은데 그때의 내 모습이 어떻게 보였을지 조금은 알 것 같다. 내가 가르치는 학생들도 똑같이 물어오는 걸 보면 그 시기에 으레 거쳐 가는 의식 같은 건 아니었을까.

입시를 준비하는 입시생의 불안은 시험에 합격하기 전까지 사라질 수 없다. 불안은 없애는 것이 아닌 다스려야 하는 것이다. 불안과 정면으로 마주해 부딪히고 깨지며 터득하는 것. 내 불안은 그렇게 조금씩 다스려지고 있었다.

중심 잡기,
방해 요소 제거하기

　글을 완성하고자 할 때 무엇보다 중요한 건 마감 기한이다. 마감 기한이 없으면 계속해서 뒤로 미루게 된다. 끝도 없이 미루다 보면 처음에 무엇을 쓰려 했는지 생각조차 나지 않는다. 기한이 정해져 있으면 무한정 미룰 수가 없다. 매주 주어지는 과제를 성실하게 제출할 수 있었던 이유이기도 하다.

　공부방 수업은 매주 수요일과 금요일, 주 2회였다. 수업이 끝날 때마다 과제가 주어졌고 그중에서도 꽁트 한 편 쓰기는 빠지지 않는 필수였다. 그 외에도 영화를 보고 감상문을 쓰거나 단편소설을 읽고 짧은 묘사문을 쓰는 과제가 이어졌다. 평균 두세 개, 많게는 퇴고까지 포함해 다섯 개의 과제를 소화해야 했다. 과제 제출 마감은 다음 수업 이틀 전까지였고,

이를테면 수요일 과제는 그다음 주 월요일까지였다. 결과적으로 일주일에 평균 여덟 개 과제를 해내야 했다.

 그 양이 많다고 느끼진 않았다. 마음만 먹으면 하루에 몰아서 해치울 수도 있었다. 아마 문예창작 학원이나 글쓰기 수업을 경험한 사람이라면 공감할 것이다. 하지만 그 마음을 먹는 일이 쉽지 않다. 작정한 대로 후딱 끝내지 못하는 건 도무지 답이 없는 창작의 고통 때문이다. 꽁트 외의 과제들은 비교적 수월했다. 읽고 본 대로 감상문을 쓰거나 짧은 글을 적는 일은 오히려 재미있었다. 항상 가장 막막한 건 꽁트였다.

 꽁트 한 편을 쓰려면 준비할 것들이 많았다. 시험공부를 하려 책상 앞에 앉기 전까지가 가장 복잡하듯, 꽁트를 쓰려고만 하면 해야 할 일들이 머릿속을 맴돌았다. 분명 글을 쓰려고 노트북을 켰는데 한글이 아닌 인터넷부터 열고 싶어졌다. 혹시 안 읽은 카톡이나 메일은 없을까 확인하고, 약속도 없는 주말의 날씨가 괜히 궁금해졌다. 바탕화면의 파일이 어수선해 보이기도 했다. 글을 써야 하지만 쓰기 싫어서 핑계를 찾다 결국 소재를 찾는다는 이유로 인터넷을 켰다.

마우스를 두 번 클릭하면 그토록 열고 싶던 창이 뜬다. 그 창은 판도라의 상자처럼 한번 열면 쉽게 빠져나올 수 없었다. 기사 검색을 한다고 해서 갑자기 번뜩이는 아이디어가 떠오르는 것도 아니다. 기사를 읽다가 댓글을 보게 되고, 다시 궁금한 걸 검색하고, 그러다 보면 엉뚱한 사이트로까지 흘러간다. 그렇게 또 1시간이 훌쩍 지나간다. 그 아까운 시간마저 창작 활동이라며 애써 위로했다. 겨우 한글 창을 열어도 다시 인터넷으로 빠지기 일쑤였다. '가만히 앉아 모니터만 보면 뭐가 떠오르나, 세상 돌아가는 걸 좀 알아야지.'라는 핑계는 그럴듯했지만 결국 자기기만이었다.

그럼에도 신기하게도 마감 기한을 어기거나 과제를 제출하지 않은 적은 단 한 번도 없었다. 다른 학생들처럼 학교 수업을 병행하는 것도 아니었으니 과제까지 대충하는 건 스스로 용납할 수 없었다. 헬스장도 등록하기까지가 어렵지, 회원권을 끊으면 하루도 빠짐없이 가는 성격이었다. 과제 하나를 하지 않아 피드백을 받지 못하는 건 PT 회원권을 끊어놓고 수업을 빠지는 것과 같았다. 적어도 그 시간만큼은 절대 허투루 날릴 수 없었다.

성격이 꽤 예민한 편이라는 걸 그때는 몰랐다. 글을 쓰려고만 하면 온갖 것들이 신경 쓰였다. 방문을 닫고 책상 앞에 앉아도 안방에서 들리는 작은 TV 소리가 거슬렸고, 닫히다 만 창문, 베란다 난간에 걸터앉은 비둘기, 위층의 발망치 소리까지 집중을 흩트렸다. 신경 쓰지 않으면 그만인 것들이었지만, 결국 날 몇 번이고 움직이게 했다.

그럼에도 최고의 작업 공간을 꼽으라면 단연 집이었다. 집 밖은 오히려 더 많은 방해물로 가득했다. 카페에선 사람들 말소리가 거슬렸고, 스터디카페로 옮기면 누군가 볼펜을 딸깍이는 소리에 온 신경이 쏠렸다. 방음이 완벽하지 않은 스터디룸도 마찬가지였다. 귀마개도 소용없었다. 하다못해 조용하기만 하다면 고시원에라도 들어가고 싶었다. 절실히, 조용한 작업실이 필요했다.

그런 이유로 가족들을 꽤 힘들게 했다. 집에서 글을 쓰는 동안엔 아무 소리도 나지 않길 바랐다. 평일 오전, 부모님이 출근하신 사이 글을 완성하지 못하면 초조해졌다. 오후 6시, 퇴근 후 집에 돌아온 부모님을 억지로 안방에 밀어 넣기도 했다. TV도 끄고, 유튜브도 이어폰을 끼고 들어달라고 했다.

저녁밥 짓는 소리조차 시끄럽다며 요란을 떤 탓에 외식하는 날이 늘었다. 편히 쉬어야 할 집에서 엄격한 통제를 받는 상황에 부모님의 스트레스도 극에 달했다. 서로 언성을 높이며 말다툼을 하기도 했다. 참다 터진 응어리는 결국 서로의 마음에 비수가 되었다. 나 자신에게도 답답하고 미안한 순간이었다.

귀도 눈처럼 듣고 싶지 않을 땐 닫을 수 있다면 좋았을 것이다. 예민함은 타고난 신체에서 비롯된다고도 한다. 내가 조금만 더 무던했다면 글을 쓰기에도 훨씬 수월했을까. 사소한 것에 아깝게 에너지를 낭비하지 않아도 됐을 텐데. 하지만 타고난 기질을 단번에 바꿀 순 없으니 바꿀 수 있는 것을 찾아야 했다.

먼저는 생활 습관을 바꿨다. 아침잠이 많은 편이었지만, 알람을 맞추고 직장인들처럼 오전 9시부터 글을 쓰기 시작했다. 오전 내리 글을 쓰다가 점심을 먹고, 다시 간식을 먹으며 작업을 하니 하루를 알차게 쓰는 느낌이었다. 부모님 퇴근 전까지 글을 완성하지 못했을 땐 새벽을 기다렸다. 몸은 좀

피곤했지만 아무 소리도 들리지 않은 적막함이 주는 몰입력이 있었다. 새벽 감성이라는 말이 괜히 있는 게 아니었다.

  글을 잘 쓸 수 있는 환경을 찾아 규칙적인 시간을 정하니 쓸데없이 소모하는 시간도 줄었다. 오히려 부모님과 함께 저녁을 먹고, 휴식 시간을 따로 가지니 글을 쓰는 시간에 하게 되는 딴짓도 줄었다. 잘 먹고, 잘 자고, 가벼운 운동을 하는 것은 생각보다 중요했다. 항시 예민함이 덜하도록 나를 가꾸는 일이었다. 생각 정리가 필요할 땐 공원에 나가 산책을 하는 게 많은 도움이 됐다. 비움으로써 채워지는 것들이 있었다. 글은 손과 머리로만 쓰는 게 아니었다. 매주 완성하는 글에는 여러 사람의 부단한 노력도 함께 쓰였다.

합법적으로 즐기는 문화생활

 8월이었다. 이글거리는 태양 아래 온몸이 녹아내릴 것만 같던 한여름, 나는 혜화에 있었다. 공부방은 다닌 지 두 달 만에 이수역에서 혜화역 근처로 이전해 집에서의 거리는 더 멀어졌다. 내 기억 속 2019년의 여름은 유독 뜨거웠다. 오후 7시 수업에 맞추려면 5시 반엔 집을 나서야 했다. 땀에 젖기 싫어 해가 지기를 최대한 기다리고, 지하철역까진 집 앞 버스를 탔다. 손 선풍기까지 들고 나가도 앞머리는 늘 축축이 젖었다.

 차가운 바람이 간절했다. 에어컨 바람 말고, 후덥지근하더라도 자연스럽게 불어오는 바람. 사막에서 오아시스를 찾듯, 지구 전체가 들끓는 거대한 찜질방 속에서 한 모금 차가운 식혜 같은 위안을 바랐다. 흔들리는 초록 나뭇잎을 보고 싶었다.

그래서 수업을 마치고 집으로 돌아가는 길이 좋았다. 해가 진 여름밤의 공기는 미지근했지만, 그 안엔 어딘지 모를 위로가 담겨 있었다. 언니, 동생들과 삼삼오오 어울려 지하철역까지 걸어가는 그 10분. 조잘조잘 얘기를 나누며 걷다 예쁜 소품샵을 구경하고, 포장마차에서 닭꼬치를 사 먹기도 했다. 그 짧은 시간이 내겐 웃음이었고, 낭만이었다. 혜화였기에 더 특별하게 느껴졌던 낭만.

공부방을 다니기 전까지 혜화는 내게 딱 두 번 가본 게 전부인 동네였다. 고등학생 때 연극을 보러 한 번, 보조출연하러 한 번. 거리가 멀어 자주 갈 일도 없었고, 뭐가 유명한지도 몰랐다. 일부러 찾아가야 할 만큼의 맛집이나 놀거리가 있는 곳이라 생각하지도 않았다. 그저 소극장이 많은 대학로쯤으로 여겼다. 고등학생 때 갔던 파스타 가게의 크림파스타가 유난히 맛있었던 기억은 나는데, 지금은 사라졌는지 아무리 찾아도 보이지 않았다.

하지만 입시를 준비하며 매주 찾게 된 혜화는 전혀 다른 얼굴을 하고 있었다. 공부방에 가기 위해선 늘 마로니에 공원을 지나야 했는데, 그 길목은 평일에도 낭만이 살아 있었다. 붉은 벽돌 건물들과 초록 잎이 무성한 나무들이 어우러진 그곳은 마치 영화 속 거리 같았다. 낮에는 플리마켓이 열리고, 저녁에는 버스킹이 시작됐다. 젊음과 열기가 끊이지 않는 활기가 넘치는 동네였다. 어느 날은 그 분위기가 너무 좋아 일찍 도착해 공원 벤치에 가만히 앉아 있기도 했다. 8월의 열정이 그곳에서 타오르는 것 같았다.

지하철로 향하던 우리는 종종 그 공원에 머무르곤 했다. 기타 하나 둘러맨 이름 모를 가수의 열창이 그다지도 좋았다. 바람에 흔들리는 나뭇잎처럼 잔잔한 노래에 몸을 맡기며 찰나를 즐겼다. 열차가 끊길 새라 세 곡이 넘게 들어본 적은 없었지만, 찰나의 임팩트는 강렬했다.

어느 날은 플룻을 불거나 아코디언을 연주하는 사람도 있었다. 회사와 집밖에 오갈 줄 모르던 내게, 길거리에서 그들을 마주하는 일은 화려한 공연장에서 듣는 음악보다 더 특별하게 느껴졌다. 때로는 가수가 음을 삐끗할 때마다 뒤돌아

웃곤 했지만 묘한 동질감도 들었다. 하고 싶은 걸 하고 있는 사람들. 혜화는 그런 사람들이 모여 있는 곳이었다.

대학교 입시를 준비하면서 실기 시험 방식이 비슷한 문예창작과와 극작과를 동시에 준비했다. 엄밀히 말하면, 극작과를 중심에 두고 문예창작과는 함께 준비한 셈이었다. 순수 문학을 다루는 문예창작보다는 극본 작법을 배울 수 있는 극작과에 더 마음이 끌렸다. 그래서 연극 감상은 선택이 아닌 필수였다. 아무리 시나리오를 써본 경험이 있다 해도, 극작과를 지원하면서 연극에 대해 무지하다는 건 있을 수 없는 일이었다. 더군다나 서울예대는 면접까지 있어 극작과 교수님들 앞에서 어버버할 순 없었다.

당시 공부방 선생님은 현역 극작가로, 극작과에 재학 중이시기도 했다. 선생님은 매달 추천 연극 리스트를 뽑아 나눠주셨고, 거기엔 도움이 될 만한 작품만 엄선되어 있었다. 대개 연극적 요소가 강한 작품들이었는데, 마치 상업영화와 독립영화를 나누는 기준이 있는 것처럼 구분이 뚜렷했다. 자주 볼 수는 없어도 최소 한 달에 한 번은 연극을 보려고 했다.

그중 서울연극제에서 본 작품이 유독 기억에 남는다. 대학로 소극장에서 평일임에도 관객석이 만석이었고, 배우들의 실감 나는 연기를 코앞에서 보며 놀라움과 신선한 충격을 함께 받았다.

연극은 공연장 규모에 따라 연출 방식이 크게 달라진다. 소극장에선 책상 하나, 의자 하나만으로도 주인공의 방이 되기도 하고, 노래방이 되기도 한다. 나무로 만든 핸드폰으로 통화를 하고, 보이지 않는 칼을 들어도 몰입이 된다. 어설픈 소품이 거슬릴 새도 없이 극에 푹 빠지게 만드는 힘이 있다. 규모 있는 극장에서는 무대 연출이 더 화려해진다. 서울 두산아트센터에서 두 번 연극을 본 적이 있었다. 무대 연출과 소품, 배우들 분장까지도 상황에 따라 정교하게 바뀌는 게 더욱 생생하게 느껴졌다.

무대 위 배우들은 뛰고, 구르고, 노래하고, 춤추고, 때론 도저히 종잡을 수 없을 만큼 다채롭다. 한 사람의 내면을 다섯 명의 배우가 동시에 표현하기도 하는데, 검은 쫄쫄이를 입고 얼굴만 내민 다섯 배우가 나란히 서서 한마디씩 이어가는 장면은 지금도 생생하다. 아무리 발전된 기술을 갖춘 영화나 드라마라 해도 이런 연출은 보기 힘들다. 오직 현장에서만 볼 수 있는 연극의 맛이었다.

내게 흥미로운 연극은 그런 것이다. 유명한 배우가 나오고, 수많은 관람평이 달려 있고, 검증된 원작이 있다고 해도 이 요소들이 충족되지 않으면 결국 진부한 시간이 된다. 한번은 선생님의 추천이 아닌 순위권에 있던 연극을 선택해 본 적이 있었다. 원작도 있는 데다 후기까지 좋아서 큰 기대를 했었다. 그치만 기대가 큰 만큼 실망도 컸다. 연극적 요소보다는 스토리와 배우 연기에 치중된 느낌이었다. 내용마저 진부해 차라리 집에서 넷플릭스를 보는 게 낫겠다는 생각까지 들었다.

혹시 내가 잘못 본 걸까 싶어 선생님께 그 연극에 대한 생각을 털어놨다. 선생님은 제목을 묻고는 업계에서도 말이 많은 연극이라고 말씀하셨다. 그 말에 괜히 안도하며 고개를 끄덕였다. 그 후로는 말없이 추천 연극만 골라 보았다.

영감을 받겠다며 전시회도 찾아다녔다. 영화나 연극, 소설 같은 비슷한 창작물보다 전혀 다른 분야의 창작물을 접했을 때 찾아오는 영감이 있다. 가히 독창적이고 기괴하기까지 한 작품을 보면서 여러 생각에 잠긴다. 전시에서 본 내용을 직접적으로 글에 녹여낸 적은 없지만 분명 영향이 있다고 믿었다. 적어도 이들 앞에서 난 지극히 평범한 사람에 불과하다는 걸 매 순간 깨달았으니까.

영화관에 가서 새로 개봉한 영화를 보고, 난생처음 독립영화관도 가봤다. 감독과 배우들이 영화에 대한 코멘트를 해주는 GV도 가봤다. 미술관이고 박물관이고 심지어 여행까지도 영감을 받기 위한 명목으로 허용되었다. 난 지금 노는 게 아니라 공부를 하는 것이라 생각하면 죄책감도 조금은 누그러졌다.

누군가는 수험생활을 그저 빨리 빠져나가고 싶은 캄캄한 터널이라 말한다. 하지만 내게 이 시간은 지나고 보면 인생에서 이토록 다채롭고 재미있던 순간이 또 있었을까 싶을 정도였다. 이보다 더 알차게 수험생활을 보내는 사람이 또 있을까 싶을 만큼 말이다.

> 나를 마주하게 한 문장들

다짐은 늘 단단한 돌처럼 세운다고 생각했는데,
시간이 지나 돌아보면 그건 언제나 모래성이었다.
작은 파도 하나에 속수무책으로 무너지고,
그 위에 또 다른 모래성을 세우는 걸 반복하면서
나는 어쩌면 자라는 중이었던 것 같다.

"뜨거운 여름밤은 가고 / 남은 건 볼품 없지만…"

〈뜨거운 여름밤은 가고 남은 건 볼품없지만〉 中, 잔나비

하지만 그 볼품없는 무언가들이
지금의 나를 조금씩 만들어온 것 아닐까.

반짝이진 않았지만 진심이었고,
서툴렀지만 최선이었던 시간들이었으니까.

    2019년 여름, 글을 쓰며 입시를 준비하던 때를 노래로 표현하라고 하면 딱 떠오르는 노래. 한 곡에 꽂히면 질릴 때까지 듣는 습관 덕에 여름 동안 공부방 가는 길은 이 노래와 함께 했었다. 두 귀를 줄 이어폰으로 틀어막고 가사를 곱씹노라면 기가 막힌 은유에 감탄했더랬지. 뜨거운 여름날, 글쓰기에 열정을 태우고 남은 건 지금의 나를 만든 시간이었음을.

3장

입학, 끝이 아닌
또 다른 시작

"합격이 주는 기쁨은 잠시, 진짜는 그다음부터"

시험 임박,
경계 태세 발동!

  바쁘게 지내는 만큼 시간도 빠르게 흘렀다. 추웠던 계절에 시작한 글공부는 어느새 무더운 여름을 지나 쌀쌀한 가을로 접어들고 있었다. 시험이 가까워질수록 준비해야 할 것들이 하나둘씩 늘어났다. 가장 먼저 할 일은 지원할 대학을 결정하는 일이었다.

  수능은 치르고 싶지 않았다. 수시에서 모든 걸 끝내고 싶었다. 그렇다고 해서 애초에 관심도 없던 대학이나 지방에 있는 학교까지 고려할 수는 없었다. 그럴 바에야 애초에 재수를 시작하지도 않았을 것이다.

  '정 안 되면 정시에서 고민해 보자.' 마음 한구석엔 그런 계산도 깔려 있었다. 하지만 수시에 한 번이라도 합격하면 등록 여부와 상관없이 정시 지원 자격이 사라진다. 그래서 더 신중할 수밖에 없었다.

미리 생각해 둔 대학들이 있었다. 가장 큰 목표는 서울예대 극작과였고, 나머지는 4년제나 전문대 문예창작과 위주로 살펴봤다. 아무리 목표가 확고하다 해도 단 하나의 대학만 지원하는 건 위험했다. 실전 감각을 익히기 위해서라도 여러 곳에 지원하는 편이 낫다고 판단했다.

동국대는 그런 이유로 지원했던 곳 중 하나였다. 문예창작과 입시 대학 중에서도 경쟁률이 유독 높은 학교. 지원해 놓고도 그걸 뚫을 수 있을 거란 기대조차 하기 어려웠다. 무엇보다 내 글쓰기 스타일이 문예창작과와는 다르다고 생각했다. 극작과는 인물과 사건의 흐름, 구성에 중점을 둔다. 반면, 문예창작과는 문장력과 서사적인 감수성이 더 요구된다고 여겼다. 소설보다는 영화에 관심이 많아 자연스럽게 극작과 쪽에 마음이 기울었다.

밤낮없이 인터넷을 뒤져 지원할 대학을 세 곳으로 추렸다. 동국대, 서울예대, 명지전문대. 여섯 개 이상 지원할 수 있는 것에 비하면 적은 수였다. 선생님께서 추천해 주신 대학도 있었지만, 거리의 문제를 무시할 순 없었다. 인천에서 통학 가능한 거리인지도 고려해야 했고, 실기 비중이 높은 학교인지도 따져봐야 했다. 오래전 고등학교 성적이기도 했고, 내신 성적에 자신이 있는 편도 아니었기 때문이다. 괜스레 여대보다는 공학에 끌리는 마음도 있었다. 아마도 여초 회사에서 겪었던 좋지 않은 기억 때문이었을 것이다.

  승산 있다고 자신하긴 어려운 대학들이었다. 마음속에선 상반된 두 감정이 저마다의 무게로 번갈아 기울었다. 기대와 불안 사이에서 중심을 잡지 못한 채, 대학을 정하고 원서 접수를 준비했다.
  유일하게 동국대는 고등학교 생활기록부 원본을 직접 들고 가야 했다. 졸업한 지 거의 7년 만에 모교를 다시 찾았다. 눈 깜짝할 새 지나간 시간에도 학교는 제법 달라져 있었다. 매점은 사라졌고, 층마다 간식 자판기가 놓였다. 3학년 교무실에는 낯익은 얼굴이 단 한 명도 없었다. 돌아본 교실과 복도는 익숙하면서도 어쩐지 낯설었다. 그대로일 줄 알았던 학교도 조금씩 변해 있었다.

사복을 입은 여자가 교무실 문을 열자 선생님들의 시선이 일제히 쏠렸다. 그중 한 분이 먼저 말을 걸어주셔서 자초지종을 설명한 뒤에야 나머지 절차를 밟을 수 있었다. 부장 선생님의 도움으로 무사히 서류를 받을 수 있었다. 어색하면서도 묘한 기분이었다. 그렇게 이제는 한낱 종이 몇 장이 된 '나의 고등학생 시절'을 들고 동국대 입학처로 향했다.

이때가 아니면 언제 또 올까 싶어 그 유명한 언덕을 천천히 올랐다. 차분히 캠퍼스를 눈에 담으며 괜히 괜찮은 척 호흡을 가다듬었다. 4년 내내 이 언덕을 오르내릴 거라곤 생각도 못 했다. 막상 합격해서 다녔던 시절보다, 선망의 대상으로 바라봤던 이 순간이 동국대를 가장 설레는 마음으로 마주했던 때였다.

시험이 한 달 남짓 남았을 무렵부터 공부방에서는 매 수업마다 실기 연습이 이어졌다. 지원한 대학들의 역대 실기 시제를 활용해 실제 시험과 같은 조건으로 정해진 시간 안에 꽁트를 써야 했다. 실기 일정이 임박한 대학일수록 집중적으로 연습했다. 인터넷을 조금만 검색하면 찾을 수 있는 시제들이었지만, 매 수업 어떤 시제로 글을 쓰게 될지 모르는 그 '랜덤성'이 나름의 긴장감을 줬다. 그나마 즐거움이라 할 만한 건 그 정도였다.

실기 연습이 끝나면 진이 빠졌다. 세 시간 수업 중 두 시간을 말없이 앉아 글만 써야 했고, 그 시간 동안은 실제 시험처럼 각자 떨어진 자리에 앉아 오직 글에만 몰입해야 했다. 몸은 긴장했고, 머리는 쉼 없이 돌아갔다. 생각보다 많은 에너지가 소모됐다. 단순히 '연습'이라 생각하고 대할 수 없었다. 이 자리에서 잘 쓰지 못하면 시험장에서도 마찬가지일 거라는 생각이 들었다.

다음 수업 시간에 선생님에게 피드백을 받을 때면 마치 시험 결과를 통보받는 기분이었다. 합격과 불합격 통지서를 오가는 감정의 진폭. 작은 칭찬에도 안도했고, 냉정한 지적엔 무너졌다. 그 모든 순간이 시험처럼 혹은 진짜 인생처럼 느껴졌다.

같은 대학의 시제라도 글의 기복은 심했다. 대학별로는 최근 연도부터 최소 3개년, 많게는 6개년까지 모의시험을 치렀다. 단 한 번도 시제가 쉽다고 느껴진 적은 없었다.

　동국대 문예창작과의 시제는 서울예대 극작과와 스타일이 비슷했다. 보통 단어형 시제를 주는 문예창작과와 달리, 상황 제시형 시제가 대부분이었다. 등장인물의 수나 직업이 정해지기도 했고, '인공지능'처럼 소재를 제시받기도 했다. 상황을 주어 구성하기는 조금 수월할 수 있었지만, 그 안에서 독창적인 이야기를 풀어내야 한다는 점에서 또 다른 압박이 있었다. 대학은 그 제한된 틀 안에서 빠르게 아이디어를 뽑아내는 순발력과 참신함을 가진 지원자를 가려내고자 했다.

　하지만 이론을 글에 적용하는 일은 말처럼 쉽지 않았다. 생동감 있는 인물을 설정하고, 역동적인 사건을 통해 주제를 드러내는 것. 문창과 실기의 기본 공식이라지만 매번 종잡을 수 없는 시제를 마주하면 어느 순간 머뭇거리게 됐다.

　이전에 잘 썼던 꽁트들을 아무리 떠올려봐도, 막상 새 시제를 받으면 아무 소용이 없었다. 멍하니 있을 틈조차 없이 다가오는 시간의 압박, 초고로 모든 걸 판단 받아야 하는 실기 시험의 특성은 시험일이 다가올수록 날 더욱 짓눌렀다.

그렇기에 결과를 쉽게 예측할 수는 없었다. 그저 운이 따라주기를 간절히 바랄 뿐이었다.

  수험표를 뽑고, 대학별 시험 일정과 장소를 하나하나 확인하며 본격적인 시험 준비에 들어갔다. 선생님은 도움이 될 만한 소재 자료와 이론 정리본을 따로 만들어 주셨다. 첫 시험을 앞둔 날엔 달달한 간식 선물도 건네주셨다. 중간에 공부방을 옮겼던 친구들과는 시험장에서 만나기로 약속도 잡았다.

  생활패턴을 잃지 않기 위해 건강관리도 각별히 힘썼다. 시험장까지 가는 길을 꼼꼼히 살피고, 네이버 거리뷰 지도를 몇 번이고 들여다봤다. 필기도구는 빠진 게 없는지 수시로 확인했다. 원고지 교정법을 익히고, 합격작들을 읽고 또 읽었다. 어쩌면 이미 준비는 끝났을지도 모르는데, 난 자꾸만 무언가를 더 채워 넣고 있었다. 과부하에 걸리지 않게 일부러 산책도 해줬다. 그렇게 8년 만의 재시험을 준비하고 있었다.

세 번의 시험,
세 개의 합격

    시험은 동국대를 시작으로 서울예대, 명지전문대 순서로 이어졌다. 여러 대학에 지원하다 보면 실기 일정이 겹치는 경우도 있는데, 다행히 세 곳 모두 날짜가 겹치지 않아 무사히 응시할 수 있었다.

    시험 당일, 아침 일찍 일어나 실기장으로 향했다. 천 명이 넘는 수험생과 학부모들로 캠퍼스는 인산인해였다. 난 미리 넓고 복잡한 동국대 캠퍼스를 파악해 둔 덕분에 다행히 헤매지 않았다. 혹시 몰라 지도 이미지를 따로 다운받아 간 것도 큰 도움이 됐다. 강의동을 잘못 찾기라도 하면 실기장까지 10분 이상 걸릴 수 있었기에 긴장을 늦출 수 없었다. 예상보다 일찍 출발했는데도 막상 도착하니 시간은 딱 맞아 몇 분만 늦었어도 낭패를 볼 뻔했다.

　모든 시험을 치르면서 간절히 바랐던 게 하나 있었다. 제발 같은 교실에 앉은 사람들이 무난했으면 좋겠다는 것. 가뜩이나 예민도가 높아진 상황에선 작은 소음도 거슬리기 마련이다. 기침이나 콧물을 훌쩍이는 소리에도 내 심리가 말릴 수 있다. 다행히 장내 분위기는 조용했고, 정시에 맞춰 시제 배분이 이뤄졌다.

　그 당시 시험을 보기 전 몇 가지 시제를 예측했었다. 지난 시제들을 미루어 봤을 때 보통 미래지향적인 시제 아니면 현 시국에 맞는 시제를 출제하는 경향이 보였다. 미리 시제를 예상해 보면 적중 시제가 나왔을 때 비교적 단시간 내에 구상할 수 있다. 그래서 2019년에 굵직한 사건들이 뭐가 있었는지 되짚어보거나 현재 가장 주목받는 미래 기술 산업은 어떤 것들이 있는지 찾아봤었다. 그리고 그 예상은 얼추 들어맞았다. 인공지능 AI. 시제는 산문과 운문 각각 주어지는데, 2019년에 시험 볼 당시에는 인공지능에 관한 내용이 산문 시제로 출제되었다.

그땐 인공지능이 핫한 이슈였다. 물론 이전에 서울예대에서 한번 인공지능에 대한 시제를 출제한 적이 있기에 바로 비슷하게 나올까 하기도 했다. 서울예대 인공지능 시제로 모의시험까지 봤었다. 그런데 이렇게 바로 비슷하게 나온다니! 내게도 운이 찾아온 거라 믿었다. 그게 아니고서는 모든 상황이 나를 도와주고 있을 리 없었다. 2019년의 가을만큼은 세상이 나를 중심으로 돌아가고 있었다.

서울예대와 명지전문대 역시 시제 운이 좋았다. 서울예대 시제는 '가짜뉴스'가 키워드였다. 가장 현 시국과 잘 맞아떨어지는 시제였다. 무분별하게 생산되는 가짜뉴스에 남녀노소 할 것 없이 속고, 누군가는 피해를 보기도 했었으니 말이다. 하지만 난 그런 시국과 반대로 이야기를 썼다. 가짜뉴스를 오히려 만드는 인물을 내세웠다. 다리에 장애가 있는 사람이 뺑소니를 낸 것. 언론에선 자신이 아닌 타인을 범인으로 지목하고 완벽 범죄에 좋아하는 것도 잠시, 범인이 뛰어난 운전 실력의 소유자라는 보도에 인물은 열등감을 느낀다. 장애가 있는 자신도 뛰어난 운전 실력을 갖출 수 있다는 걸 드러내고 싶어 여론을 조작하다 결국 덜미를 잡힌다. 하지만 진짜 범인은 따로 있었다는 것으로 이야기는 끝이 난다.

서울예대 시제를 보자마자 퇴고했던 글이 떠올랐다. 그 글을 살짝 바꿔 시제에 맞는 글을 써냈다. 덕분에 1시간 반이라는 짧은 시간 안에 완성도 높고 만족스러운 글을 써낼 수 있었다. 퇴고했던 글이 떠오르지 않았다면 나도 아마 다른 수험생들처럼 가짜뉴스에 대한 심각성을 알리는 기자나 언론인을 인물로 내세웠을지 모른다. 정말 운이 좋았다는 말밖에 떠오르지 않았다.

명지전문대 시제도 기존의 글을 활용했다. 시제를 처음 받고는 쉽게 이해하기 어려웠다. '식물적 사고'. 생전 처음 보는 낯선 단어가 시제로 나왔다. 시제의 의미를 해석하는 데에만 10여 분이 넘게 소요됐다. 그러다 '식물인간처럼 스스로 일을 처리하지 못하는 수동적 사고'라 해석했고, 시제에 가장 부합할 것 같은 글을 머릿속에서 떠올렸다. 새로 쓰기엔 이미 시간이 많이 흘러 있었다. 시제 해석에 많은 시간을 할애한 탓에 완성조차 제대로 하지 못했다. 미완결인 상태로 제출했으니 합격에 대한 기대조차 하지 못했는데 운은 결과에 있었다.

세 시험에서 쓴 글 모두 공통점이 있다. 제 꾀에 제가 넘어가는 인물들을 그린 것이다. 스토리텔링 작법 중에는 '아이러니'라는 표현법이 있다. 모순되거나 역설적인 상황에서 '아이러니하다'는 표현을 쓰는 것처럼, 인물의 행동과 상황을 예측에서 빗나가게 만든다. 글을 쓰면서부터 아이러니한 글을 쓰는 걸 좋아했다. 여느 작가들처럼 뻔한 이야기는 피하고 싶다는 욕구 때문이었다. 예컨대 자신이 1등이 되고자 아픈 인공지능 룸메이트가 고장 나도록 꾀를 썼지만, 그 모든 게 학교에서 시행한 인간성 테스트였던 이야기. 친절 우수 정수기 판매원이 과거 학폭을 저질렀던 피해자에게 별점 테러를 받고 해고되는 이야기. 이런 이야기에는 모두 아이러니가 담겨 있었다. 내게 아이러니는 가장 매력적인 공식이자 일종의 치트 키였다.

동국대 시험을 마친 뒤엔 글의 내용을 복기해 과외 선생님께 보여드렸다. 시험 직후 가물가물한 기억을 더듬어 쓴 글은 내용도 엉성했고 분량도 부족했다. 그 글을 보신 선생님은 심상치 않은 표정으로 한참을 말을 잇지 못하셨다. 아마도 그 글은 내가 선생님께 받은 피드백 중 가장 혹평을 들은 글이었을 것이다. 선생님의 반응을 보고는 '아무래도 동국대는 글렀구나.' 싶었다. '심사위원은 또 다를 수도 있지 않을까?' 하는 생각은 차마 입 밖으로 내지 못할 헛된 기대일 뿐이었다. 첫 시험이었으니, 서울예대를 위한 연습이었다고 여기기로 했다.

모든 수시 일정이 끝나고 정시까지는 시간이 있었다. 다른 친구들이 아직 남은 대학을 준비하는 동안, 나는 수업을 잠시 멈추고 결과를 기다리기로 했다. 공부방에서 얼굴을 보진 못했지만, 우리는 여전히 메시지로 이어져 있었다. 누가 어떤 글을 썼는지 공유하기도 하고, 후기나 정보들을 나누며 조용히 마음을 달랬다. 그중에서도 가장 말이 많았던 건 매직 볼펜이었다. 시험 전에 선생님이 나눠주신, 글씨를 쓰고 지울 수 있는 볼펜이었다. 지우개처럼 생긴 뒷부분으로 문지르면 자국 없이 사라졌다. 동국대는 수정테이프 사용이 금지라 실수했을 때를 대비해 그 볼펜으로 글을 썼다. 그런데 시험이 끝난 뒤 이상한 얘기들이 들려왔다. 기계가 매직 볼펜을 인식하지 못한다는 말, 누가 지워버리면 그대로 사라진다는 소문까지. 잘 썼다고 안심하던 마음에 서서히 불안이 고였다.

입학처에 물어볼 생각도 못 한 채 시간이 흐르고 있었다. 가장 먼저 서울예대 합격 소식을 확인한 뒤, 단기 아르바이트를 하고 있던 때였다. 일이 끝나고 궁금한 마음에 동국대 합격 조회 사이트에 들어가 수험번호를 입력했다. 실눈을 뜨고 스크롤을 내렸다. 괜찮다며 마음의 준비를 했어도 불합격이라는 글자를 보는 건 용기가 필요한 일이었다. 그런데 결과를 확인한 나는 연신 두 눈을 비빌 수밖에 없었다. 합격이었다. 동국대마저 나에게 합격을 준 것이다. 여러 번 접속해 확인해도 합격이었다. 행복한 고민의 시작이었다.

고민,
어떤 대학을 가야 할까

가장 먼저 합격 소식을 알게 된 건 서울예대였다. 서울예대는 다른 대학들과 다르게 시험이 1차와 2차로 나뉘어 있었다. 1차는 글쓰기, 2차는 면접이었다. 실기를 치르고 일주일 정도 뒤에 1차 합격자 발표가 났었다. 떨리는 마음으로 합격 조회하던 때를 잊을 수가 없다. 가장 간절했던 곳. 1차 합격을 받고 나서는 놀라 3초 동안 말을 못했다. 하지만 온전히 기뻐하기엔 아직 일렀다. 면접이라는 또 하나의 산이 앞에 놓여 있었다.

서울예대 극작과 면접은 5분 남짓한 시간 동안 다대다로 진행된다. 영상, 공연 교수님들이 함께 들어오기 때문에 내가 관심 없는 분야에 대한 질문을 받을 수도 있는 자리였다. 그동안 열심히 연극을 보며 준비해 온 것들이 드디어 빛을 발할 수 있겠다는 생각도 잠시, 과연 내가 준비한 것들로 충분히 대답할 수 있을지 막막함이 밀려왔다. 대학 입시 면접이 처음은 아니었지만, 지난번엔 많이 미숙했기에 이번에도 같은 실수를 반복하고 싶지 않았다.

예상 질문을 혼자 대비하기엔 어려움이 많았다. 인터넷 자료를 참고해 보아도 한계가 있었다. 선생님의 도움이 필요했다. 과외 수업을 받고 있지 않아도 면접 준비만 따로 가능하다고 하셔서 연락을 드렸다. 준비 기간은 일주일 남짓. 열 장 분량의 예상 질문에 대한 답변을 작성한 뒤 모의 면접을 진행했다. 선생님께서 주신 질문지에는 미처 생각하지 못했던 항목들도 있었다. 진작 준비하지 않았다면 대답조차 떠올리지 못했을 질문들이었다.

답변을 외우고, 모의 면접을 반복하면서 꼬리 질문에도 대처할 수 있는 힘을 길렀다. 실제 면접장에서도 덕분에 마음이 한결 놓였다. 그 덕이었을까. 면접은 무탈하게 끝났다.

생각보다 4분은 짧지 않은 시간이었다. 면접이라는 게 과연 얼마나 의미 있는 절차일까 싶던 마음은 기우였다. 교수님들의 질문은 많지 않았지만 날카로웠다. 그중 아직도 선명하게 기억나는 질문이 있다. '서스펜스'에 대해 묻는 말이었다. 아마 좋아하는 작품으로 드라마 〈시그널〉을 언급한 뒤 이어진 꼬리 질문이었을 것이다. 딱 떠오르는 정의가 없었다. 순간적으로 당황했고, 빨리 뭔가 전문적인 말투로 대답해야 한다는 조급함에 얼버무렸다. 교수님은 그 대답을 놓치지 않으셨고, 서스펜스에 관한 질문을 몇 가지 더 이어가셨다.

면접이 끝난 직후엔 마음이 개운치 않았다. 서스펜스 질문에 한 방 제대로 맞은 것 같았다. 합격 문턱에서 미끄러지는 건 아닐까. 그런 생각이 마음을 짓눌렀다. 발표를 기다리는 일주일 내내 내 표정은 굳어 있었고, 머릿속엔 계속 그 장면만 맴돌았다. 하루빨리 결과를 확인하고 싶었다. 마음을 달래기에는 시간이 너무 더뎠다.

그런데 결과는 합격이었다. 서울예대 극작과. 드디어 내 이름 석 자가 합격자 명단에 올라 있었다. 됐다. 이제 끝났다. 내가 그토록 원하던 서울예대 20학번이 되는구나.

서울예대는 나에게 꿈의 학교였다. 그곳만의 예술적 분위기와 낭만이 좋았다. 음악을 하고, 그림을 그리고, 사진을 찍는 친구들 사이에 나도 섞이고 싶었다. 그렇게 각자의 방식으로 창작욕을 발산하는 공간이 부러웠다. 고등학생 때 처음 시험을 쳐보고, 면접조차 가지 못했던 그 학교. 8년 만의 재수로 그 문을 다시 두드려 합격했다는 건 단순한 결과 이상의 의미였다.

도전하지 않았다면 절대 맛보지 못했을 쾌감이었다. 남의 일처럼 멀게만 느껴졌던 장면이 내게도 현실이 되었다. 벅차다는 말로는 부족했다. 내게 서울예대 합격은 재능을 인정받는 것을 넘어 삶을 다시 써나갈 수 있는 새로운 문장의 시작이었다.

일찌감치 숙제를 끝낸 것처럼 후련했지만, 마냥 놀고 싶지는 않았다. 등록금이라도 마련해야겠다는 생각이 들었고, 곧바로 집 근처에서 단기 아르바이트를 구했다. 겨울철을 앞두고 늘어난 온수매트 C/S 상담 업무였다. 딱 3개월, 개강 전까지만 하기에도 적당한 일이었다. 생각보다 녹록지 않은 업무 강도에 하루하루가 길게 느껴졌고, 빨리 시간이 지나가길 바라던 무렵, 동국대 합격자 발표일이 다가왔다.

  시험을 치른 지 한 달이 훌쩍 지나 있었기에 솔직히 까맣게 잊고 있었다. 퇴근길에 문득 생각나 핸드폰으로 사이트에 접속해 합격 여부를 조회했다. 서울예대 발표 때와 달리 마음은 조금 가벼웠지만, 두 눈으로 직접 확인하고 싶었다.

  그런데 이게 웬일일까. 화면엔 '합격'이라는 글자가 떡하니 떠 있었다. 도무지 믿기지 않았다. 하지만 며칠 지나지 않아 동국대 입학처에서 합격자 명단 시스템에 오류가 있었다는 공지가 올라왔다. 다시 확인했을 때, 합격이 사라져 있을까 봐 불안했다. 돌이켜보면 성적도, 쓴 글도 스스로 만족스럽지 않았기에 애초에 불합격이 더 자연스러운 결과처럼 느껴지기도 했다.

  나 하나쯤 바뀌는 일이겠거니 생각하며 며칠 뒤 다시 조회해 봤다. 불합격이더라도 확인은 해야겠다는 마음이었다. 그런데 결과는 변함없이 '합격'이었다. 확실한, 분명한 합격이었다. 어안이 벙벙했다. 내가 왜 합격이지? 시험을 채점한 교수님들께 묻고 싶은 심정이었다.

서울예대를 가겠다고 너무도 당연하게 생각하고 있었기에, 동국대까지 합격하고 나자 마음이 복잡해졌다. 명지전문대도 예비 합격은 했지만, 사실상 고민의 대상에서 제외됐다. 내 안의 1순위는 줄곧 서울예대였다. 동국대에 간절함이 있었던 것도 아니었다. 4년제라는 점이나 문예창작과라는 점에서 내가 배우고 싶었던 극작 중심 커리큘럼과는 다소 거리가 있다고 생각했었다.

서울예대는 예술을 배우고 싶어 하는 사람들이 나이에 구애받지 않고 모이는 곳이라는 이미지가 강했다. 졸업까지 3년이면 적당했고, 커리큘럼도 딱 내가 원하던 것이었다. 그렇지만 동국대를 포기하고 가는 게 맞나, 하는 생각도 들었다.

그 높은 경쟁률을 뚫고 합격한 동국대였다. 걸출한 작가들을 배출한 곳이기도 했다. 무엇보다 서울권 4년제라는 타이틀은 따놓고 보면 손해 볼 게 없었다. 그래서 동국대 문예창작과에 대해 조금 더 자세히 찾아봤다. 교수진과 커리큘럼을 꼼꼼히 살폈다. 순수문학뿐 아니라 시나리오나 장르문학 같은 수업도 있었고, 교양과목도 흥미로운 것들이 많았다. 안

산에 있는 서울예대보다 거리도 가까웠다. 자취 비용을 아낄 수 있겠다는 생각도 들었다.

무엇보다 혹여 작가가 되지 못하더라도 동국대를 졸업했다면 선택할 수 있는 길이 조금은 더 넓어 보였다. 마음은 점점 동국대 쪽으로 기울고 있었다.

선생님께도 조언을 구했지만, 결정을 내리는 일은 쉽지 않았다. 답답한 마음에 작가 지망생들이 모여있는 네이버 카페에 글을 올렸다. 마침 서울예대 졸업생이라는 사람이 쪽지를 보내왔다. 실제 학교생활과 수업 분위기를 세세하게 전해주며 도움이 되었으면 좋겠다고 했다. 같은 시기, 서울예대에서 졸업 공연이 열린다는 소식도 접했다. 극작과 학생들과 연극과 학생들이 함께 만드는 무대였다. 그 작품을 본다면 학교 수업이나 색깔을 조금은 가늠해 볼 수 있을 것 같았다. 졸업 공연은 결과적으로 나의 선택에 결정적인 영향을 주었다.

함께 공부방을 다녔던 친구와 공연을 보러 갔다. 겨울비가 내려 두꺼운 후리스를 껴입어야 할 만큼 추운 날이었다. 공연장은 소극장보다도 작고 아담했다. 학생들의 지인과 학부모로 보이는 사람들 틈에 앉아 서너 편의 연극을 관람했다.

짧지만 함축적인 의미가 담긴 작품도 있었고, 신선한 연출도 흥미로웠다.

하지만 거기까지였다. 기대가 너무 컸던 탓일까. 서울예대라는 이름에서 상상했던 것과는 조금 달랐다. 함께 본 친구도 비슷한 생각이었다. 어쩌면, 이게 이 학교에서 보여줄 수 있는 최선이라면 동국대를 선택하는 것도 나쁘지 않겠다는 생각이 들었다.

늦깎이?
그래도 아직 20대인걸

동국대로 마음을 굳히기까지 여러 번 고민을 거듭했다. 무엇보다 마음에 걸리는 건 나이였다. 아무리 배움에는 나이가 없다고 해도, 나보다 여덟 살이나 어린 동기들과 어울릴 수 있을지 걱정이었다. 서울예대는 오히려 스무 살 신입생을 찾는 게 더 힘들 만큼 연령대가 다양하다고 했기에 그런 걱정은 덜했다. 반면, 동국대는 아무리 재수나 편입을 한 학생들이 있다고 해도 20대 중반을 넘긴 사람이 드물 것 같았다. 당장 나보다 어린 선배를 어떻게 대해야 할지도 막막했다. 대학에서는 나이가 아니라 학번이 우선이라는 말이 뇌리에서 떠나지 않았다.

그러다 우연히 한 유튜브 영상을 보게 됐다. 서른 살에 대학 신입생이 된 남자의 브이로그였다. 생각보다 동기들과 잘 어울리는 모습이 다행이면서도 부러웠다. 나도 저렇게 어른스럽게 행동할 수 있다면 얼마나 좋을까 싶었다. 기꺼이 먼저 다가가고, 나이에 상관없이 사람들과 잘 어울릴 수 있는 성격이었으면 이렇게까지 걱정하진 않았을 것 같다.

혼자서 수업만 잘 들으면 될 거란 생각도 했다. 배우러 가는 곳이니까. 그래도 마음 한편엔 동기들과 어울려 캠퍼스 생활을 누리고 싶은 마음이 컸다. 사실 외톨이가 되는 것보다 더 두려운 건 나이 때문에 받게 될 시선이었다. 조별 과제를 하게 된다면, 나와 같은 조가 된 학생들이 나를 불편하게 느끼지는 않을까. 어린 사람들에게 괜히 어려운 존재로 비춰지지는 않을까. 어릴 적부터 나는 한 살만 많아도 상대를 윗사람처럼 대했다. 숫기도 없고 유난히 뻣뻣했다. 말 한마디, 행동 하나 잘못할까 봐 늘 눈치를 봤다. 나이가 많은 사람을 대하는 일은 그만큼 어렵고 긴장되는 일이었다.

그래서 더 조심스러웠다. 자기 또래를 기대했을 학생들 사이에 내가 섞여 있다는 것만으로도 미안한 마음이 들었다. 나도 나이가 들면 어린 사람을 편하게 대할 수 있을 줄 알았다. 그런데 막상 나이가 들고 보니 오히려 더 어렵기만 했다. 그 아이들에게 먼저 다가가는 일이 내게는 가장 두려운 일이었다.

주변에서는 늦은 나이에 대학에 가는 걸 축하해주는 이들과 걱정하는 이들로 나뉘었다. 축하야 받으면 기분이라도 좋지만, 조언이랍시고 한마디씩 던지는 사람들의 말은 고스란히 스트레스가 되었다. 그런 사람들은 관계를 가리지 않고 어디에나 있었다. 알바를 하다가 알게 된 사람들이 하는 말은 나에 대해서 잘 모르고 하는 말이겠거니 흘려들으면 그만이었다. 어중간한 사이에 괜히 소식을 전해 듣고는 축하로 위장한 오지랖이 참 싫었다.

그들의 말은 교묘했다. 쉬운 말로 자신의 진짜 의도를 내비치지 않는다. 웃고 있는 표정 안엔 매서운 눈빛이, 살가운 말투엔 날카로운 단어들이 숨어 있었다. 내가 어떤 대학을 왜 가게 되었는지는 그들에게 중요한 게 아니었다. 내 소식을 듣고 자신들이 느낀 감정을 내비치고 싶을 뿐이었다. 궁금하지도 않았던 그들의 속내가 던져지면 처음엔 아프고 쓰렸다가도 이내 평정을 되찾았다. 그들이 나를 어떻게 생각하는지 알게 되었으니 오히려 미련 없이 끊을 수 있는 관계였다. 구태여 그런 말을 전하는 그들의 상태가 안쓰럽기까지 했다. 더는 쓸데없는 잔바람에 흔들릴 이유가 없었다.

걱정은 혼자 하는 것만으로도 충분했다. 이미 머릿속엔 해결되지 않을 걱정들이 산더미였다. 나는 잠시 주변의 소리에는 귀를 닫고 내 안의 소리에 귀를 기울였다. 동국대를 가고 싶은 이유와 서울예대를 가고 싶은 이유를 하나씩 자세하게 적어보았다. 애초에 내가 대학교를 가고 싶었던 이유가 극작에 대한 배움이었다면 서울예대를 가는 게 맞았다. 하지만 동국대를 놓고 비교를 해보니 예술만 집중적으로 배우는 것과 여러 학문을 두루 쌓는 것, 둘 중 어느 쪽이 나에게 더 이로울지에 대한 생각으로 번져 나갔다.

동국대는 4년제인 만큼 학과 수업 외에 필수로 이수해야 할 교양과목도 다양했다. 처음엔 글과는 상관없는 수업이라 치부했지만, 오히려 그런 수업들이 글을 쓰는 데 더 좋은 재료가 될 수도 있다는 생각이 들었다. 전공과는 전혀 다른 학문을 배우고, 나와 정반대 결을 가진 사람들을 만나며 받을 수 있는 자극 또한 훨씬 클 것이 분명했다. 시야를 조금 넓히자 이 길은 예상하지 못한 변수가 아닌 또 하나의 기회처럼 느껴졌다.

서울예대만을 생각할 땐 시나리오 작가라는 하나의 직업에만 초점이 맞춰져 있었다. 그런데 동국대까지 시야를 넓히자 글을 재능으로 활용할 수 있는 더 많은 길이 눈에 들어오기 시작했다. 극만 쓰는 사람이 아니라, 이야기를 더 다양한 방식으로 풀어낼 수 있는 사람이 되는 것. 혹은 언젠가 다른 꿈을 만나게 될지도 모른다는 가능성. 그러다 보니 오히려 동국대에서 배우게 될 것들이 궁금해졌다.

물론 불안이 아예 없었던 건 아니었다. 아무리 빨리 졸업해도 30대 초반인데 작가가 되지 못한다면? 경력도 없이 나이만 먹어버린 신입, 졸업장 하나로는 경쟁력 없는 고스펙 백수가 되진 않을까. 합격자 등록 버튼을 누르는 순간까지도 그 걱정은 끝나지 않았다. 그럼에도 선택하지 않을 이유는 없었다. 나는 동국대를 졸업한 사람이 아니라, 동국대에서 배운 것으로 내 세계를 만들어갈 사람이 되고 싶었다.

1년 안에 신춘문예에라도 당선될 기세로 마음을 다잡았다. 아직은 20대라는 이유만으로 모든 것을 감당하고 허용할 수 있다고 믿었다. 지금이 아니면 안 된다는 마음으로, 그렇게 나는 또 한 번 내 인생의 방향을 정했다.

대학만 가면
끝일 거란 착각

    동국대는 내가 갈 수 있는 대학 중 최고 스펙의 대학이었다. 공부 머리는 진작에 없었고 딱히 두각을 나타내는 재능도 없었다. 그러니 글을 써서 갈 수 있는 대학 중에서는 가장 상위권이라 할 수 있는 곳이었다. 저절로 기대감이 생겼다. 내 인생은 앞으로 180도 바뀌어 있겠지? 적어도 고졸이었을 때보다는 조금은 더 나은 삶이 기다리고 있을 거라고.

    '고졸'이라는 단어를 부끄러워한 적은 없었다. 그로 인해 큰 손해를 봤다고 느낀 적도 별로 없었다. 학력이 중요할 만큼 간절하게 하고 싶었던 일이 없었고, 고졸이라는 처지에 어울리는 일을 해왔을 뿐이었다. 어쩌면 대학을 나오지 않아도 사회에서 제 몫을 해낼 수 있다는 걸 증명해 보이고 싶은 마음도 있었다. 적어도 10년 전, 그런 편견이 더 뿌리 깊던 시절엔 말이다.

지금으로부터 13년 전, 내가 막 스무 살이던 때에는 1인 크리에이터로도 충분히 잘 먹고 잘 사는 시대가 올 줄 몰랐다. 나뿐 아니라 대부분이 그랬다. 그땐 그저 정석대로 대학을 가고, 취업을 하고, 경력을 쌓는 것이 삶의 공식이라 여겼다. 그렇지 않은 길을 선택한 사람은 낙오자 취급을 당했다. 실제로 스무 살 무렵 사무직 면접을 보러 갔을 때, 안내를 하던 직원이 나에게 훈수처럼 "너도 야간 대학이라도 나와야지."라고 했던 기억이 있다. 알바 중에 재료 박스를 나르던 나를 보고는 손님이 "공부 못하면 저런 일 하는 거야."라고 말했던 일도 있었다. 사회는 다름을 인정하지 않았다. 남들과 다른 사람을 사회가 정한 규정대로만 보던 시절이었다.

좋아하는 노래 중에 이승기의 〈음악시간〉이라는 노래가 있다. 가사 중에는 '왜 우리는 다 다른데 같은 것을 배우며 같은 길을 가게 하나/왜 음악을 잘하는데 다른 것을 배우며 다른 길을 가게 하나요'란 내용이 있다. 2004년에 나온 노래이지만 세상은 크게 달라진 게 없었다. 여전히 성공을 하고 돈을 많이 벌려면 그런 대학과 직업을 선택해야 한다고 주입한다. 그 말을 듣는 이의 생각은 중요하지 않은 것처럼 말이다.

나란 사람은 그 한마디, 한순간의 판단에 크게 개의치 않았다. 오히려 한 귀로 듣고 흘려버리기 좋았다. 대학을 못 간 게 아니라 안 간 것이라 여겼기 때문이다. 지금 당장은 가지 않았으나 언젠간 갈 곳처럼 여겼다. 그러니 그동안은 잠시 등록금을 마련하기 위한 시간이라 생각했다. 물론 정확한 계획이 있던 건 아니었다. 그렇지만 그때의 현재가 내 인생의 평생은 아닐 거라 믿었다. 대학은 가지 않았어도 성공할 방법을 찾았다. 공모전에 당선된다든지, 웹소설로 인기를 끈다든지 어떤 방식으로든 글을 써서 돈을 버는 사람이 될 자신이 있었다. 그러니 그들이 하는 말은 귀에 들어오지 않을 수밖에 없을 터였다. 지금 보면 근자감에 가까울 정도로 마땅한 성과를 낸 것이 없었는데도 말이다.

10년도 안 되는 사이, 전국의 많은 대학이 문을 닫았다. 학령인구가 줄어든 탓도 있지만, 대학의 필요성 자체가 희미해진 것도 이유였다. 스마트폰 하나만 있어도 누구나 영상을 찍을 수 있고 좋은 장비로 집에서 방송도 할 수 있는 시대다. 자신만의 콘텐츠만 있다면 SNS로도 돈을 벌 수 있고, 노트북 하나만 있으면 어디서든 일을 할 수 있다. 학벌과는 상관없다. 누가, 무엇을, 어떻게 해내느냐가 더 중요해졌다.

텔레비전은 어느새 집에서 사라졌고, 각자의 손에 들린 스마트폰이 그 자리를 대신했다. 부모님 말씀, 선생님 말씀은 법이었던 90년대생들은 무분별한 학벌주의와 획일화된 조직 사회에 지쳤고, 하나둘 탈출하기 시작했다. 고스펙 무직자는 해마다 늘어갔다. 이제는 '성공하려면 대학부터 가야지.'라는 말이 더는 유효하지 않은 시대다. 마치 리모컨도 없는 브라운관 TV처럼, 그 말도 낡고 빛바랜 구시대의 유산이 되어버렸다.

"지금 나이에 대학 가서 뭐 할래?"

대학에 합격한 뒤 나의 일면만 알던 사람들에게 종종 들었던 말이다. 그 말은 곧 남들은 취업하거나 결혼을 해서 그 나이에 맞는 인생을 사는데 너는 왜 그렇지 않냐는 뜻이기도 했다. 남.들.은. 나는 왜 이런 무자비한 말을 들어왔던 걸까?

한편으론 애석하기도 하다. 결혼이고 취업이고 다 차치하고 나는 대학을 선택했다는데, 그들은 또다시 남들과 다르게 가는 날 배척하고 있었다.

내게 대학 합격은 재능에 대한 발견이자 재능을 키울 수 있는 곳이었다. 배우지 못했던 학문을 새롭게 배우며 내 안의 깊이를 다지고 질적인 소양을 높일 수 있는 곳. 물론 대학이 나를 작가로 만들어줄 순 없겠지만, 좋은 글을 쓸 수 있도록 방향을 제시해 줄 수 있다고 믿었다. 내게도 다 계획이 있었다. 하지만 그들은 그런 건 애초에 없다는 식으로 말했다. 내 글 한 줄 읽어본 적 없는 사람들, 구태여 설명할 필요조차 없는 그런 사이쯤인 사람들.

대학 등록을 마치고 가족들과 조촐한 축하 파티를 했다. 부모님은 지인들에게 "우리 딸이 서울에 있는 대학에 붙었다."고 자랑하셨다. 그게 뭐 대수인가 싶다가도 그 마음을 알기에 마냥 싫지만은 않았다. 친척들도 저마다의 방식으로 축하하는 마음을 전했다. 아버지는 "살다 보니 이런 날도 있다."며 신기해했고, 어머니는 "대체 뭐가 될까 걱정했는데 정말 뭐라도 되겠다."고 웃으셨다. 대뜸 대학에 가겠다고 하더니 진짜 갈 줄은 몰랐다고 하셨다. 나와 함께 고생했던 가족들이었기에 미안함과 동시에 고마운 마음이 들었다. 가족들에게 나는 쉽게 이해되지 않는 사람, 때론 4차원이라 불릴 만큼 정신세계가 독특한 사람일지도 모른다. 그런 나를 가장 가까이에서, 오랫동안 묵묵히 힘쓰고 지켜봐 온 가족들이야말로 온전히 나를 위해준다는 걸 온 맘으로 느낄 수 있었다. 자신들의 잣대가 아닌 나의 뜻을 더 존중해 주는 사람. 그런 가족들을 위해서라도 이후의 시간을 허투루 써선 안 되겠다고 다짐했다.

대학의 의미가 '학문을 가르치고 연구하며 새로운 지식을 창출하는 곳'이라면, 학문에 대한 열의가 있는 사람이 대학에 간다는 건 기쁜 일이다. '모든 것에는 때가 있다.'는 말처럼, 내가 대학에 도착한 시기는 남들보다 조금 늦었을 뿐. 출발이 8년 늦은 건 아니었다. 그저 내 인생을 이루는 수많은 과정 중 하나일 뿐이다.

어쩌면 여태껏 들어온 말들이 날 깨워주는 자극제가 되었을지도 모른다. 겨우 대학 하나 붙었을 뿐인데 마치 세상을 다 얻은 듯했던 나. 남들만큼 재능이 뛰어났다면 벌써 커리어 하나쯤은 쌓았어야 했을 텐데, 이제 막 스무 살이 된 학생들과 동등하다고 기뻐만 할 일은 아니었다. 내게는 꿈을 향해 뚜벅뚜벅 내디딘 멋진 도전이었지만, 남들 눈엔 사회에 자리 잡지 못하고 학교로 도망친 철부지처럼 보였을지도 모른다.

OT, 입학식, 심지어 수업까지 취소라니?

 2020년이 밝았다. 새로운 10년의 시작. 내 동기들은 아직 고등학생 신분으로 성인 된 자유를 만끽하던 시절, 난 부단히 대학생이 될 준비를 하고 있었다. 대학생이 되면 가장 많이 사용하게 된다는 어플 '에브리타임'에도 가입했다. 합격자 인증을 해야만 가입할 수 있었기에 심사에 통과된 순간에야 차츰 신입생이 되어감을 실감이 났다.
 어플 안을 이리저리 둘러보다가 눈에 띄는 게시글 하나를 발견했다. 수시 합격 신입생을 대상으로 입학 전 교육 프로그램을 진행한다는 공지였다. 수시로 합격한 학생들에게 대학 생활을 미리 체험할 수 있도록 해준다는 점이 신기했다. 희망자에 한해 개설된 기본 과목 중 최대 두 가지를 선택해 수강할 수 있고, 정식 학점도 인정된다는 설명이었다. 수강 기간도 일주일 남짓으로 짧아 부담이 없어 보였다. 나는 다섯 개의 개설된 과목 중 〈신입생을 위한 글쓰기〉와 〈English Speaking Practice(Basic)〉 두 과목을 신청했다. 이때까지만 해도, 이후로 2년 동안 학교에 나가 수업을 듣지 못할 거란 사실은 전혀 알지 못했다.

수업 첫날, 오전 10시부터 수업이 있었기에 졸린 눈을 비비고 일어나 준비를 하고 학교로 향했다. 이제는 진짜 동국대 학생이 되어 수업을 들으러 가는 길이었다. 동대입구역에서 내려 에스컬레이터를 타고 가파른 언덕을 올라 학교에 도착했다. 개강하고 나면 사람들이 몰려 줄을 선다는데, 아직 방학 중이라 그런지 수월하게 탈 수 있었다. 후드티에 청바지, 큼지막한 후리스를 입고 머리를 높게 묶어 올렸다. 최대한 다른 신입생들과 이질감이 없어 보이길 바랐다. 그런데 강의실 문을 열자마자 아차 싶었다. 앳된 얼굴들이 눈에 들어왔다. 괜히 비슷한 복장을 입은 내가 더 도드라져 보이는 건 아닐까 싶었다. 모두가 첫 대면을 하는 어색한 분위기 속에서 하필이면 강의실 책상은 둥근 원형이었다. 시간에 맞춰 도착한 나는 그나마 사람이 제일 적어 보이는 뒤쪽 빈자리에 조용히 앉았다. 학생들은 말없이 스마트폰만 들여다보고 있었다.

첫 수업은 글쓰기였다. '글쓰기'라는 것 자체도 설렜지만, 대학에서 듣는 첫 수업이라는 사실이 더 그랬다. 어떤 내용을 배우게 될까? 수업은 어떤 식으로 진행될까? 고등학생 때와는 많이 다를까? 드라마 속 모습과도 차이가 있겠지? 머릿속엔 온갖 생각이 꼬리를 물고 이어졌다. 곧 수업 시작 시간이 되었고 교수님이 강의실로 들어오셨다. 이제는 '선생님'이 아닌 '교수님'이라는 호칭을 써야 한다는 게 어쩐지 낯설었다. 마치 사회에서 '~씨'라 부르는 것처럼 어딘가 어색하게 느껴졌다.

사실 글쓰기 수업보다 더 기억에 남는 건 영어 수업 시간이었다. 글쓰기 수업은 교수님의 설명 위주로 수업이 진행된다면, 영어 수업은 활동이 많았다. 마침 같은 강의실에서 오후 2시부터 진행되는 수업이었기에 대부분의 학생들이 나처럼 두 과목을 이어 들었다. 나 역시 가방을 그대로 둔 채 학생 식당으로 향했다.

　모든 처음에 의미를 두는 편이다. 첫 학식. 비록 혼자 먹는 식사였지만, 그 자체로도 좋았다. 동국대 학식이 나름 유명하다는 이야기는 들었지만, 방학 중이라 운영하는 곳은 몇 군데뿐이었다. 대부분 간편하게 한 그릇으로 먹을 수 있는 분식류였고, 나는 아마 삼겹살 김치 철판을 시켜 먹었을 것이다. 학교 후문 근처에도 식당들이 있었지만, 힘들게 언덕을 오르내리는 것보다는 학교 안에서 해결하는 게 나았다.

　처음엔 학식을 주문하고 받는 시스템이 익숙지 않아 다른 학생들의 동선을 유심히 지켜봤다. 키오스크로 결제를 하고 번호표를 받으면 순서가 되었을 때 쟁반에 수저와 젓가락을 챙겨 음식을 받아오면 되는 방식이었다. 생각보다 혼밥을 하는 사람들도 많았고, '혼밥 존'도 따로 마련되어 있어 불편함 없이 식사를 할 수 있었다. 조촐한 식사였지만, 나는 그 순간을 사진으로 기록하며 개강 후엔 꼭 학식 유명 메뉴들을 정복하리라 다짐했다.

　점심을 먹고 시간이 조금 남아 학교 안에 있는 카페로 향했다. 처음엔 학식이나 카페 메뉴가 학교 안이라 저렴할 줄 알았는데 오히려 프랜차이즈 카페 가격이 더 합리적인 경우도 있었다. 여건만 된다면 언덕을 내려가 외부에서 먹는 것도 나쁘지 않겠다 싶었다. 방학 중이라 한산할 줄 알았던 캠퍼스는 계절 학기를 듣는 학생들로 제법 붐볐다. 삼삼오오 무리를 지어 학교 이름이 적힌 검은색 돕바를 입은 사람들이 눈에 띄었다. 학교의 상징인 연꽃이 그려진 돕바가 참 예뻐 보였다. 그땐 그 모습이 왜 그리 멋있어 보이던지. 자리가 사람을 만든다고 했던가. 과잠을 입고 카페에 앉아 노트북으로 과제를 하는 선배들의 모습은 그다지도 어른스러울 수가 없었다. 그 모습이 곧 나의 머지않은 미래가 될 거라 믿었다.

영어 수업은 원어민 교수님의 단독 진행으로 이루어졌다. 한국어 교수님 없이 오로지 영어로만 수업이 진행되었다. 이때야 비로소 내가 진짜 대학 수업을 듣고 있다는 실감이 들었다. 그와 동시에 후회가 밀려왔다. 영어에 약했던 터라 교수님의 말을 거의 알아들을 수 없었다. 그리고 애석하게도 그런 사람은 서른 명 남짓한 학생들 중 나 혼자인 듯했다.

상황이 나를 움직이게 했다. 수업을 따라가려면 내용을 이해해야 했고, 이해하려면 물어야만 했다. 대뜸 번역기를 꺼내고 싶은 마음이 굴뚝같았지만, 차라리 모르는 걸 물어보는 편이 덜 창피할 지경이었다. 다행히도 수업은 대부분 팀별 활동으로 이루어졌다. 그날 같이 앉은 자리는 자연스럽게 한 팀이 되었다.

첫 수업에서는 영어로 자기소개를 쓰고 짝을 지어 대화를 하는 시간이 있었다. 어쩌다 보니 한 남학생과 짝이 되었는데 동그란 안경을 쓴 귀여운 친구였다. 우리는 수업이 끝날 때까지 계속 같은 짝으로 활동했고, 그는 가장 많은 도움을 준 고마운 친구가 되었다. 기억에 남는 건 서로 자기소개를 하던 순간이었다. 좋아하는 가수에 대한 이야기에 나는 '쿨'을 말했다.

그 친구는 고개를 갸웃하며 누구냐고 되물었다. 01년생의 눈빛은 진심이었다. 머쓱함에 뒷덜미까지 쭈뼛 섰던 아찔한 순간이었다.

일주일에 2시간씩, 다섯 번만 들으면 끝나는 수업이었다.

고작 다섯 번이었는데 그걸 온전히 채우기까지 정말 힘들었다. 영어 수업 자체는 게임도 하고 활동도 많은, 즐거운 시간이긴 했다. 하지만 영어로 오고 가는 대화를 제대로 알아들을 수 없었고, 매번 다른 친구들에게 눈치 보며 물어봐야 하는 순간은 민망하고 불편했다. 그럼에도 결제한 수업료와 학점을 위해 '오늘만 무사히 넘기자'는 마음으로 끝까지 들었다. 결코 호락호락한 수업은 아니었으나 덕분에 좋은 친구들을 알게 되었다.

같이 팀을 하게 된 친구들과는 학식도 같이 먹고, 단톡방도 만들었다. 서로 학과는 달라도 개강하고 나서 마주치면 꼭 인사하자고 약속했었다. 코로나19가 우리를 갈라놓기 전까지는 대학에 벌써 아는 얼굴도 생겨 다행이라고 생각했었다.

그러던 중, 코로나19 바이러스의 위험성이 전국적으로 커지기 시작했다. 입학식과 신입생 OT는 2주씩 미뤄졌다. 2주쯤이면 괜찮아질 거라고 막연하게 생각했지만, 코로나는 쉽게 잦아들 기미가 없었다. 미뤄졌던 것들은 결국 하나둘씩 '취소'로 바뀌었다. 선배들과의 밥 약속도, 과 행사도 모두 단톡방 속 메시지로만 남게 되었다. 학교는 부랴부랴 온라인 수업 시스템을 도입했다. 모든 수업이 비대면으로 전환되었다. "곧 끝나겠지." 하며 시작된 사이버대학 생활은 결국 2년이라는 시간을 삼켜버렸다.

나를 마주하게 한 문장들

늘 같은 일상 속에서도 문득, 낯선 빛이 스며드는 순간이 있다. 그럴 때면 마음이 조용히 속삭인다.

"A whole new world, a new fantastic point of view."

영화 〈알라딘〉 OST 〈A Whole New World〉 中, 메나 마수드, 나오미 스콧

익숙한 모든 것에서 벗어나 완전히 새로운 시선으로 세상을 바라보고 싶다고. 하지만 마음이 시키는 대로 인생을 결정할 수 있는 기회는 그리 많지 않다. 언제 마지막으로 내 감정에 전적으로 기대어 무언가를 선택했던가. 지금 여기 서 있는 삶조차, 얼마나 많은 '타인의 말'과 '해야만 하는 일'로 채

워져 있었는지 모른다. 그래서 어떤 순간은 더욱 소중하다. 아무도 우리에게 "안 돼."라고 하지 않고, 어디로 가야 하는지 지시하지 않을 때. 그 자유는 어쩌면 외부가 아니라, 나의 안에서부터 시작되는 것이다.

    새로운 세상으로 향하는 문은 생각보다 그리 멀지 않은 곳에 있을 수 있다. 비록 그 세상이 무조건적인 행복을 가져다주는 게 아닐지라도 마음이 시키는 대로 인생을 결정할 수 있는 기회는 많지 않으니까.

4장

늦깎이 코로나 학번의 학교 적응기

"코로나 학번의 별칭은 미개봉 중고"

코로나 학번에게 '에타'는 선배이자 친구

대학은 학창 시절 다니던 학교와 달랐다. 알림장과 가정 통신문으로 학교 정보를 알 수 있던 것과는 다르게 대학에선 별도로 개인에게 친절히 알려주는 게 없었다. 집으로 보내는 건 신입생 환영 선물이 다였다. 수강 신청부터 학사 일정, 강의실, 교수님, 과제 등 학교를 다니면서 필요한 정보들은 내가 스스로 찾아봐야 했다.

그중 가장 도움을 많이 받았던 통로가 바로 '에브리타임'이라는 어플이었다. 이 어플은 자신이 재학생임을 인증하면 재학생들만 이용할 수 있는 곳으로 연결된다. 코로나19전까지는 대학생들의 필수 어플이었지만 주로 시간표를 짜는 용도로 이용되었던 편이다. 자유롭게 익명으로 글을 적고 댓글을 달 수 있는 게시판도 있으나 크게 활성화된 편은 아니었다고 한다. 하지만 코로나19로 인해 학교와 학생이 단절되고, 학생들이 연결될 수 있는 유일한 통로가 바로 이 어플이 되었다. 서로 얼굴도 한번 대면해보지 못했지만, 같은 동기로써 정보를 공유하고, 친해지면 잡담을 하기도 하고, 선후배 사이에 필요한 것들을 주고받는 커뮤니티가 되었다. 코로나19 이전에 입학한 학번들은 이 어플이 이렇게까지 활성화된 것은 이번이 처음이었다고 했다.

코로나19가 금방 지나갔다면 이는 내게 분명 행운이었을 것이다. 안 그래도 신입생 환영회나 OT 같은 단체 행사가 부담스러웠다. 신입생이라고 해서 그 무리에 섞이는 게 맞는 걸까? 그렇다고 빠져버리면 아무런 연결고리도 만들지 못하는 건 아닐까 하는 고민을 했었다. 이런저런 고민이 자연스럽게 해결되니 이때까지는 더할 나위 없이 다행으로만 여겼다.

온라인 수업도 생각보다 금방 적응했다. 초반에 실시간 온라인 수업 시스템이 자리 잡히기 전까지는 교수님들이 강의를 녹화해 올리는 방식이었다. 과제나 기타 소통은 교내 수강 사이트에 마련된 강의 게시판과 메일을 통해 진행했었다. 소설이나 시처럼 창작을 하는 수업은 실기 수업이었음에도 비대면으로 진행하는 데 큰 불편함이 없었다. 대부분의 창작 수업은 교수님께서 설명해 주시는 이론을 듣는 것보다 학생들이 글을 직접 창작해 보고, 같이 공유한 뒤 합평하는 방식이었다. 그래서 학생들은 정해진 기한까지 과제 글을 써 제출하면 함께 공유해 읽고, 지정된 학생들은 서로 피드백 댓글을 달아주었다. 답답한 부분도 있었고 과제도 평소보다 많았지만, 얼굴을 마주하지 않고 글로만 소통한다는 점은 오히려 더 편안하게 느껴졌다.

  대학 수업은 어떤지 궁금했지만, 대학 생활 자체에 대한 기대는 크지 않았다. 그래서 오히려 비대면이라 다행이라는 생각도 들었다. 특히 필수로 들어야 하는 영어 수업이 그랬다. 원어민 교수님이 진행하는 영어 수업은 필수로 2~3학기를 들어야 했다. 몇 학기를 들어야 하는지는 입학 전 영어 레벨 테스트 결과에 따라 정해진다. 나는 최하 레벨에 속해 3학기를 채워야 했다. 쉽지 않은 그 수업을 버틸 수 있게 도와줬던 건 번역기의 힘이 컸다. 실시간 비대면 수업이 가능해지면서 학생들은 캠과 마이크를 꼭 준비해야 했다. 특히 원어민 영어 수업은 대부분 회화 위주라 아무리 최하 레벨이라 해도 기본적인 소통이 안 되면 입 한번 제대로 떼지 못하는 순간을 겪어야 했다. 나는 그때마다 하고 싶은 말을 번역기에 돌려서 어법을 다시 한번 점검했고, 정말 모르겠을 땐 마이크가 고장 난 척을 하기도 했다. 그렇게 버텼다. 생각해 보면 이 정도도 비대면이라 가능했던 일이다. 만약 이런 수업을 현장에서 3학기 내내 들어야 했다면 수치심을 견디지 못하고 진작에 자퇴했을지도 모르겠다.

아무리 실시간 온라인 수업이라 해도, 얼굴 한 번 마주하지 않은 교수님과 학생들 사이의 소통이 원활할 리는 없었다. 나 역시 수업을 들으면서 아무도 알려주지 않는 사소한 것들이 자꾸 궁금해졌다. 예를 들면 이런 거였다. 교수님께 메일을 쓸 때 어떤 양식을 써야 하는지, 과제 파일은 어떤 형식으로 저장하는 게 맞는지, 폰트는 또 뭘 쓰면 좋을지. 누구한테 하나하나 묻기엔 애매했고, 그렇다고 멋대로 하자니 괜히 찝찝했다. 아는 선배도 없으니 물을 곳도 없었다. 그 마음은 20학번 모두가 같았던 것 같다. 궁금한 게 생길 때마다 '에브리타임'에 들어가 봤다. 신기하게도 내가 궁금해한 건 이미 누군가 먼저 물었고, 답도 여러 개 달려 있었다. 그런 글은 대부분 추천을 많이 받아 베스트 글이 되어 있었다. 선배는 후배를 위해 글을 남기고, 후배는 고마운 마음에 '좋아요'를 눌렀다. 얼굴도 모르는 우리는 동국대라는 이름 아래 알 수 없는 연대를 이루고 있었다.

에브리타임은 익명이었지만, 의외로 순수하고 유용한 글이 많았다. 학교로 가는 지름길도 에브리타임 덕분에 알게 됐다. 학교에 상주하는 귀여운 마스코트인 고양이들 이름도, 결석계를 쓰는 법, 동국대생 혜택, 수강 신청 꿀팁이나 학교 근처 맛집 이용 방법까지. 갑자기 온라인 사이트가 막히기라도 하면 관련 글이 올라와 커뮤니티가 금세 도배가 됐다. 에브리타임에 물어서 답을 찾을 수 있는 건 아니었지만, 혼자만 품고 있을 의문을 나눈다는 자체만으로도 힘이 되었다. 그렇게 에브리타임은 의지할 곳 하나 없이 막막했던 비대면 대학 생활에 한 줄기 빛과 같았다.

에브리타임에서 가장 유용했던 건 강의에 대한 정보였다.

어플 안에서 시간표를 짤 때, 그 강의에 대한 이전 수강생들의 수강평을 볼 수 있다. 20학번들은 오로지 수강평에만 의지할 수밖에 없었기에 수강평이 좋은 수업은 그만큼 경쟁률도 치열했다. 특히 교수님에 대한 평이나 수업에 관한 내용, 과제의 정도는 실제 수업을 듣지 않고는 알 수 없는 것들이었기에 수강평은 굉장히 큰 지표였다. 어쩔 수 없이 수강 신청 경쟁에서 밀려 수강평이 좋지 않은 수업을 들을 때가 있었다. 대부분 수강평이 틀리지 않다는 걸 몸으로 느끼게 됐다. 수강평이 빠르게, 많이 올라오는 것도 결국은 다들 스스로를 위한 일이었다.

2년 가까이 교내 행사나 동아리가 제한되면서 특별히 아는 지인이 아니고서야 학교에서 누군가와 연결되기는 생각보다 쉽지 않았다. 그땐 서로의 얼굴을 모니터로만 딱딱하게 확인할 수 있었고, 쉬는 시간에 나눌 수 있었던 사소한 대화조차 허용되지 않았다. 코로나19를 겪기 전까진 대학에서 친목은 크게 중요하지 않다고 생각했었다. 혼자 수업만 잘 듣는다면 무사히 졸업까지 가능할 듯싶었다. 하지만 그건 내 착각이었다. 세상은 혼자 사는 것보다 더불어 살아야 더 많은 것을 해낼 수 있다는 걸 또 간과하고 있었다. 개인적으로 커뮤니티 속 세상을 그다지 좋아하지 않지만, 2020년 신입생이던 시절만큼은 에브리타임이 쉬는 시간에 떠들 수 있는 놀이터이자 선후배 간에 정보를 교류할 수 있는 소통의 장이었다.

지금도 가끔씩 학교 소식이 궁금할 때면 에브리타임에 접속하곤 한다. 예전엔 없던 단체 채팅방 같은 기능도 생겼지만, 이상하게 글이 올라오는 빈도는 눈에 띄게 줄었다. 그만큼 오프라인 커뮤니티가 활성화되었다는 방증이기도 할 것이다. 아직도 도움을 받았던 정보들이 지워지지 않고 남아 있다. 누군가의 따스함이 고스란히 남아 있는 듯하다.

신입생이니까 한번은, 동아리

내가 동국대를 온 이유 중에는 동아리를 하고 싶은 것도 있었다. 영화 동아리에 들어가 내가 쓴 시나리오로 단편 영화를 만들고 싶었다. 마침 동국대엔 유명한 영화 동아리가 있었다. 코로나19로 동아리 박람회는 열리지 않았지만, 에브리타임을 통해 동아리 부원 모집 글이 올라오곤 했다. 내가 눈여겨본 영화 동아리는 비대면으로 이론 활동을 진행하다 코로나19가 잠잠해지면 영화 제작을 할 예정이었다. 나는 고민할 것도 없이 신청서를 작성해 제출했다.

유명한 봉준호 감독도 영화 동아리 활동을 열심히 했다고 했다. 시나리오는 혼자서도 얼마든지 쓸 수 있지만, 영상으로 만드는 일은 달랐다. 의기투합할 사람을 찾는 것도, 뜻이 맞는 곳에 들어가는 것도 학교 밖에서는 좀처럼 쉽지 않았다. 주구장창 혼자 쓴 시나리오로 백날 공모전에만 목매달 순 없었다. 시나리오는 결국 영상 제작을 위한 글이었다. 어떻게든 화면 위에 얹어보고 싶었다. 그렇게 포트폴리오를 쌓는 일이 꿈에 더 가까워지는 일이라고 믿었다.

대학교에 다니는 동안 총 세 개의 영상 동아리를 했었다. 생각보다 영상 동아리에는 나이가 많은 고학번도 있다는 점에 놀랐다. 어쩌면 그들도 나처럼 낭만을 찾아온 사람들이 아닐까 하는 기대도 있었다. 하지만 그만큼 각자의 생각이 강했고 의기투합을 하는 건 쉽지 않았다. 불합리한 일도 자연스럽게 따라붙곤 했다. 어떻게 보면 영화를 찍으려 했다가 영화 같은 일을 겪었는지도 모른다.

첫 번째 동아리는 교내 동아리였다. 같은 학교 사람들이 모였지만, 다른 학과 사람들을 만날 수 있다는 점이 새롭고 반가웠다. 임원들은 비대면 상황에서도 신입 부원들이 영화에 대한 기초 지식을 잘 익힐 수 있도록 알찬 수업을 준비해 줬다. 각자의 공간에서 캠과 마이크로 소통하며 같은 영화를 보고 서로 다른 감상을 나누는 시간도 좋았다.

  단편 영화로 제작할 시나리오는 투표를 통해 정하는 방식이었다. 몇 명의 학생들이 직접 쓴 시나리오를 제출했고, 나 역시 그중 하나였다. 어린 나이에 새치가 있는 주인공이 콤플렉스를 감추지 않고 당당히 드러내는 이야기를 짧게 써냈다. 우연히 동점이 나와 재투표가 진행됐고, 결국 내 시나리오는 2등이 되어 영화로 제작되지는 못했다. 그래도 많은 사람들이 내 글을 읽고 기꺼이 한 표를 줬다는 사실에 더 큰 의미를 두기로 했다.

  코로나19가 익숙해지기 시작하던 2학년, 이번엔 연합 동아리에 들어가게 됐다. 교내 동아리와는 달랐다. 여러 학교 사람들로 구성된 만큼 큰 규모에 2차 면접까지 거쳐야 했다. 이미 이력도 탄탄했고 영상 제작 수준도 높기로 유명한 곳이었다. 걱정은 됐지만 다행히 합류할 수 있었다. 현직에서 활동 중인 임원이 영화 연출에 대한 강의를 해주기도 해 활동에 대한 기대는 커졌다.

  이번엔 꼭 내 시나리오로 영상이 만들어졌으면 좋겠다는

마음이 강했다. 오프라인 모임에도 열심히 참여했고 짧은 영상 과제도 성의껏 만들었다. 학교 과제를 할 때보다 더 재밌게 몰입했던 것 같다. 연령대는 20대부터 30대 초반까지 다양했고 성비도 균형적이었다. 기수가 오래된 동아리답게 진행도 매끄러웠다. 이렇게 영상에 진심인 사람들이라면 분명 내 글의 진가를 알아줄 거라고 기대했다. 하지만 그 기대는 생각보다 빨리 부서졌다.

시나리오 선출 방식은 역시나 '투표'였다. 여섯 명이 시놉시스를 제출했고, 나 역시 그중 한 명이었다. 폴리아모리, 동성애 같은 쉽게 다루기 어려운 키워드를 담아 4부작 단편 웹드라마 시놉시스를 냈다. "사랑에도 정답이 있을까?" 평소 가지고 있던 질문을 조금은 낯선 방식으로 풀어내고 싶었다.

내용이 어렵고 수요도 없을 줄 알았다. 그저 내 글을 읽어줬다는 데 만족하려 했다. 하지만 투표 결과는 또다시 동점. 영상으로 실현될 기회가 다시 내 앞에 다가왔다. 이번엔 쉽게 물러나고 싶지 않았다. 재투표 방식은 달라졌다. 두 작품을 공개한 뒤 각 작가가 직접 PPT 발표를 하는 방식이었다. 발표 준비에 일주일을 쏟았다. 등장인물, 줄거리, 제작 방향까지 하나하나 정리하며 이건 내 전부라고 여겼다. 상대는 동아리 회장이었고, 이미 자신의 시나리오로 영상을 제작해 본 경험이 있는 사람이었다. 그만큼 더 간절했다.

발표 당일, 모두가 온라인에 접속했다. 나는 순조롭게 발표를 마쳤고 질문을 받는 시간이 이어졌다. 혹시 아무도 묻지 않으면 어쩌나 걱정했지만, 질문은 예상보다 많이 쏟아졌다. 꽤 날카롭고 불편한 질문도 있었다. 그래도 작품에 대한 관심이라 생각하며 하나하나 최선을 다해 답했다. 하지만 나중에야 알게 됐다. 그 모든 질문은 임원들이 미리 짜놓은 계략이었다는 것을.

더할 나위 없이 좋은 발표였다고 생각했다. 하지만 재투표 결과, 나는 또 한 표차로 졌다. 나는 승자에게 박수를 보냈고, 아쉽지만 여기까지가 내 한계인가 싶어 조용히 쓸쓸함을 삼켰다. 그로부터 1년쯤 지났을까. 당시 동아리 임원 중 한 명에게 갑작스러운 메시지를 받았다. "양심 고백을 하고 싶다."는 말과 함께. 그가 들려준 이야기에는 정치가 있었다. 한 임원이 동성애 코드가 불쾌하다며 내 시나리오가 선정되지 않도록 내부적으로 선동을 벌였다는 내용이었다.

  그와 함께 받은 캡처 속엔 내가 발표하는 동안 어떻게든 떨어뜨릴 만한 질문을 찾아내겠다며 낄낄대는 그들의 대화가 담겨 있었다. 세상 공정한 척, 투명한 척하던 자들의 위선이 낱낱이 까발려지는 순간. 이상하게도 슬픔보다 기쁨이 먼저 밀려왔다. 열 명 남짓한 임원들만 빼면 아홉 명이 내 글을 순수하게 읽고 기꺼이 한 표를 줬다는 것. 그것만으로도 족했다.

  진실을 알려준 임원은 이 일을 공론화하자고 말했다. 하지만 나는 그 순간을 다시 끄집어내고 싶지 않았다. 아무것도 더 묻고 싶지 않았고 아무도 다시 마주치고 싶지 않았다. 대신 증거는 하나도 빠짐없이 모아두었다. 언젠가 그들 중 누군가가 영화판에서 유명해진다면 그때 이 카드를 꺼내도 늦지 않을 테니까. 그들이 성공해도 내겐 나쁠 것 없는 일이니 말이다.

  기껏해야 동아리에서조차 이런 일이 벌어진다면, 실제 영화판에서는 얼마나 더 더러운 일이 만연할까 싶었다. 발을 담그기도 전에 지긋지긋했다. 이후에 내게 제보한 친구와 직접 영상 동아리를 만들어 한 번 더 도전해 봤지만, 그 끝도 썩 좋지 않았다. 그리고 그 이후로 시나리오를 쓰는 일을 멈췄다. 글만 잘 쓴다고 되는 일 같지 않았다. 사람에 대한 이야기를 쓰면서 정작 사람을 다룰 줄 몰랐던 게, 모든 원인이 내게 있는 것만 같았다.

입학 2년 만에 열린
학교 가는 길

　잠깐일 줄 알았던 코로나19의 장기화로 2년이나 학교를 제대로 가지 못했다. 처음엔 모두가 패닉에 빠졌지만, 어느새 학교도 학생도 비대면 수업에 익숙해졌다. 막상 해보니 좋은 점도 있었다. 통학에 드는 시간과 비용이 들지 않고, 언제 어디서든 핸드폰만 있어도 출석이 가능했다. 부수적인 인간관계로 에너지를 쏟을 일도 줄었다. 덕분에 남는 시간은 공모전 준비에 더 집중할 수 있었다.

　비대면 수업을 시작한 지 반년 만에 독립을 했다. 수업은 원래 학교에서 듣는 게 맞겠지만, 부모님이 계신 집에서 수업을 듣기엔 제약이 많았다. 실시간으로 캠과 마이크를 켜야 하는 발표 수업이 많았고, 카페나 도서관을 이용하는 것도 부담스러웠다. 글을 써야 하는 과제까지 병행하려면 차라리 수업과 작업을 병행할 수 있는 공간이 따로 있는 편이 낫겠다고 판단했다. 1학년 1학기 말, 공간 제약에서 오는 스트레스가 한계에 다다랐고, 결국 부동산 정보를 검색했다. 그리고 이틀 만에 집을 나왔다.

첫 자취를 시작한 곳은 영종도였다. 처음엔 인천 지역을 중심으로 매물을 알아봤다. 코로나19가 쉽게 끝날 것 같지 않았기 때문에 굳이 학교 근처인 서울까지는 고려하지 않았다. 매물이 많지 않아 애를 먹다가 깔끔하고 저렴한 오피스텔 매물이 유독 많은 영종도가 눈에 들어왔다. 공항 근무자들을 위한 오피스텔이 많았던 지역이지만, 코로나19로 인해 수요가 급감하며 가격이 낮아진 상태였다. 신축 오피스텔이 월세 20만 원에 나와 있던 시절이었다. 깔끔한 내부 사진에 반해 바로 연락했고, 다음 날 집을 보러 가서 그 자리에서 계약했다. 통창에 탁 트인 뷰, 조용한 동네. 혼자 수업을 듣고 글을 쓰기에 안성맞춤인 곳이었다.

자취방은 운서역에서 5분 거리에 있었다. 창작 수업이 실기 과목으로 분류되어 종종 대면 수업이 진행되었는데, 본가에서는 통학이 어려웠던 반면 운서역에서는 공항철도를 타면 앉아서 학교까지 갈 수 있었다. 야간 수업도 제약 없이 들을 수 있었고, 글을 쓰는 것도 내 방이 아니라 '내 공간'에서 할 수 있다는 점에서 훨씬 몰입이 잘 되었다. 덕분에 영종도에서 머문 1년 동안 단막극과 단편소설을 여러 편 쓸 수 있었다. 혼자 고립된 환경이 오히려 글에 집중할 수 있게 도와준 셈이었다.

완전히 비대면 수업에 적응할 즈음, 3학년 1학기부터 대부분의 수업이 다시 대면으로 전환되었다. 입학하고 무려 2년 만의 일이었다. 가끔씩 학교에 갈 일이 있긴 했지만, 인원이 적어 학식도 제대로 운영되지 않을 때였다. 그런 학교가 2년 만에 입학식, 신입생 환영회, OT, 심지어 축제까지 열 수 있게 됐다. 솔직히 설렘보다 걱정이 컸다. 20학번인 우리는 학교에 대해 아는 게 거의 없었다. 그래서인지 에타에서는 우리를 '미개봉 중고'라고 부르기도 했다.

원래라면 20학번이 주축이 되어 행사를 이끌었어야 했지만, 경험이 없어 19학번 이상의 선배들이 도맡았다. 대신 우리도 신입생 환영회와 OT에 참여할 수 있는 기회를 받았다. 나는 행사에 참여하지 않았지만, 친구들에게는 다행스러운 일이었다. 스무 살 새내기였던 친구들이 이대로 대학 생활을 지나쳤다면 참 아쉬웠을 것이다.

이 시기는 가장 정신없고 역동적인 시기였다. 지방에 거주하는 학생들은 서울에 방을 구하느라 바빴고, 조용했던 학과 단톡방은 하루가 멀다하고 알림이 울렸다. 캠퍼스는 다시 북적였다. 텅 비었던 벤치와 카페, 노서관도 발 디딜 틈 없이 붐볐다. 다양한 학식 메뉴를 골라 먹고, 점심시간엔 줄을 서서 기다렸다. 과잠을 입고 다니는 무리, 운동복 차림으로 조를 지은 친구들, 화려하게 꾸민 학생들까지 학교는 다시 다채로워졌다. 수업 시작 10분 전에는 엘리베이터 앞에서 기다려야 지각하지 않을 수 있었고, 이때 처음으로 사물함도 배정받았다. 학교라는 공간에서 소속감을 느끼게 된 건 그때가 처음이었다.

3학년이 되니 시간표를 유동적으로 짤 수 있게 됐다. 비대면일 때 어려운 과목이나 팀플이 많은 수업은 미리 들어뒀기에 주로 전공과 교양 위주로 구성했다. 오전 수업이나 우주 공강을 피하기에도 좋았다. 학생이 많은 대형 강의를 자주 들었고, 수업 중에는 마스크를 착용해야 했지만 처음 보는 학생들과 마주하는 것만으로도 신선했다. 비대면 수업에서 함께했지만, 몰랐던 학생을 알아보게 될 때면 내적으로 반가운 마음도 들었다. 먼저 말을 걸지는 못했지만, 화면 속에서만 보던 사람과 현실에서 마주하는 그 기분이 묘하게 남았다.

대학교에서 아무런 활동도 하지 않고 인맥도 없다 보니 수업을 같이 듣는 것만으로는 친해지기 어려웠다. 보통 수업이 끝나면 각자의 시간표대로 흩어지기 때문에 같은 학과여도 접점이 없었다. 나는 주로 혼자 학식을 먹고 혼자 수업을 들었다. 처음엔 외로웠지만, 점점 익숙해지면서 혼자가 더 편했다. 혼자 다니는 학생들도 많아서 눈치를 볼 일도 없었다. 시간이 남을 땐 도서관에 가서 책을 읽거나 남산을 올랐다. 학교에서 남산으로 이어지는 지름길이 있어 산책을 하기에 좋았다. 자주 가는 아지트도 생겼는데, 학생들이 자주 찾지 않는 건물 한 켠엔 돈을 내고 안마의자를 이용할 수 있는 공간이 있었다. 그곳에서 잠시 눈을 붙이고 휴식을 취할 때면 그보다 더 좋은 순간이 없었다. 2년을 집에서 편하게 수업을 듣다가 학교를 다니려니 체력적으로 쉽지 않았던 터였다.

2학기엔 셰어하우스에 들어갔다. 계획대로 시간표를 짜지 못한 탓에 오전 수업이 두 개나 있었다. 복잡한 지하철을 타고 주 4일 통학을 하는 건 자신이 없었다. 학교 근처는 월세가 너무 비쌌고, 고시원은 생각조차 하기 싫었다. 결국 월세 30만 원의 여성 전용 셰어하우스를 선택했다. 오래된 빌라였지만 여럿이 함께 살면 조금은 덜 위험할 것 같았고, 이수역 근처라 학교도 인천보다 가까웠다. 단독으로 사용하는 내 방도 있었기에 부딪힐 일도 많지 않을 것 같았다.

셰어하우스 계약 기간은 학기 중인 3개월이었다. 그곳에는 다양한 사람들이 살고 있었다. 나처럼 대학생도 있었고 직장인도 있었다. 서로의 생활시간은 달랐지만, 정해진 규칙 안에서 각자의 공간을 지키며 생활했다. 조금씩 얼굴을 트고 친해지니 함께 저녁을 먹는 일도 생겼다. 낯선 사람과의 동거는 전혀 다른 세계를 보여주는 새로운 경험이었다. 학교를 다니지 않았다면 이런 경험은 절대 하지 못했을 것이다.

  4학년이 되자 들어야 할 수업이 적어 학교에 가는 날이 많지 않았다. 짧지만 강렬했던 1년이었다. 할 수 있는 건 다 해봤다. 결국 학교는 학교다워야 했다. 집에서 편하게 수업을 듣는 것보다 힘들어도 직접 교정에 가고, 교수님의 목소리를 들으며 엉덩이를 붙이고 앉아 있는 것. 다음 수업에 늦지 않기 위해 강의실까지 전력을 다해 뛰어보는 것. 모자를 눌러쓰고 가거나 한껏 꾸미고 가는 것. 빈 강의실에 혼자 남아 과제를 해보는 것. 녹화보다 손으로 직접 필기하는 것. 무거운 전공책을 들고 언덕을 오르는 것까지. 어느 하나도 빠짐없이 모두가 소중한 추억이 되었다. 코로나19가 앗아간 2년의 공백이 있었기에 되찾은 1년의 시간은 더욱 값지고 소중하게 남았다.

사회생활 경험으로
과제도 잘할 줄 알았지만?

보통은 대학교를 졸업하고 회사에 취직한다. 나는 반대로 회사 생활을 먼저 해봤기에 오히려 대학교 과제는 식은 죽 먹기일 거라 생각했다. 방송작가 일을 하며 다져온 자료조사 노하우, 거래처와 주고받던 메일 양식들이 대학에서도 통할 줄 알았다. 하지만 사회생활과 대학 생활은 생각보다 완전히 다른 성격이었다. 그 차이를 간과한 건 분명 내 착각이었다.

뉴스에서 충격적인 내용을 본 적이 있다. 대학생임에도 교수님께 메일 하나 제대로 보내지 못하고, 문자로 대신하거나 그마저도 부모님이 대신해 준다는 이야기였다. 물론 정해진 양식이 있는 건 아니지만, 기본적인 예의만 지킬 줄 안다면 그리 어려운 일도 아니었다. 메일 제목엔 자신이 누구인지

밝히고 본문엔 간단한 인사와 함께 용건을 적으면 되는 일이었다. 사실 나도 교수님께 처음 메일을 보낼 땐 이렇게 간단하게 써도 괜찮은 건가 싶어 망설였었다. 그래도 필요하다면 반드시 소통을 하는 게 좋다. 특히 비대면 수업이던 그 시기엔 더욱 그랬다.

학교를 제대로 다니지 못한 20학번은 이외에도 곳곳에 구멍이 많았다. 레포트를 제출할 때에도 기본적인 양식이 있다는 걸 몰라 제목과 폰트도 제각각이었다. 어느 교수님은 직접 레포트 양식을 지정해 주시기도 했었다. 팀플을 하면서 목차를 정리하는 법을 배웠고, 논문을 쓰면서 각주를 다는 법을 배웠다. 참고문헌은 어떻게 처리하는지, 본문에서 인용은 어떤 기호를 사용하는지 모두 선배들이 낸 레포트를 보고 눈대중으로 배워야 했다. 보기 좋고 깔끔하게 정리하기 위해 생각보다 세심한 부분까지 신경 써야 했다.

첫 팀플을 하던 때가 생각난다. 필수로 들어야 하는 예술 세미나 수업이었다. 근대 시인들의 작품 분석을 하는 과제였고 분석해야 할 시인 세 명은 정해져 있어 추가적인 자료조사가 필요했다. 네 명이 한 조를 이뤄 각자 담당을 맡아 자료를 찾기로 했다. 전공 수업은 아니었지만, 문학에 대한 내용이었기에 누구보다도 꼼꼼하게 조사해 많은 도움이 되고 싶었다. 방송작가 시절 활용했던 구글링부터 시작해 박물관 자료, 관련 서적까지 최대한 검증된 자료만 찾으려 애썼다. 그리고 각자 준비한 자료를 취합하는 날. 선배들이 찾은 자료를 본 순간, 내 자료를 차마 내밀 수가 없었다. 자료를 찾는 방식이 애초에 달랐다. 그때 처음 논문 사이트를 알게 되었다.

자료조사에서 누구나 볼 수 있거나 출처가 검증되지 않은 블로그, 지식인, 위키백과는 기피해야 한다는 것쯤은 알고 있었다. 그래서 검증될 만한 기사나 사이트의 자료를 취합했건만, 자료로 쓰일만한 건 내가 찾은 것 중엔 거의 없었다. 선배들이 각종 논문과 학술지를 뒤지며 찾은 자료와는 아예 정보의 질이 달랐다. 열심히 애쓰며 밤낮으로 찾은 자료였건만 팀원들이 보기엔 그저 쉽게 긁어온 자료에 불과했다. 의도치 않게 빌런이 된 것 같았다.

혼자서 A4 열 장짜리 레포트를 써야 하고, 팀플로는 마흔 장에 달하는 레포트를 써야 할 때 사회에서 배웠던 것을 적용할 만한 부분이 없었다. 어느 회사에서도 보고서나 기획안을 맡아서 진행해 본 적이 없었다. 8년이란 시간에 회의감마저 들었다. 과제로 밤을 새우고, 시험 기간엔 도서관에서 지낸다는 말이 실감됐다. 과제를 하나 끝내면 또 다른 과제가, 다른 수업의 과제가 계속 생겨났다. 혼자 하는 과제야 어떻게 해서 내도 모든 걸 내가 감당하면 그만이었지만, 팀플은 그렇지 않았다. 모두의 마음에 들 때까지 회의를 해야 했다. 모두가 만족할 때까지 자료를 찾고, 수정하는 것의 반복이었다.

정말 솔직한 심정으로 중간에 연락을 끊고 잠수를 타고 싶었던 적도 여러 번이었다. 팀원들이 나누는 대화가 어려워 이해하지 못하고 넘어가는 때도 있었다. 나도 뭔가 도움이 되고 싶어도 학년이 올라갈수록 달라지는 건 크지 않았다. 오히려 매번 팀원을 잘 만나 도움만 받았다. 부족한 점을 고쳐주고, 더 나은 의견을 제시하는 쪽은 언제나 타인이었다. 팀플을 할 때마다 드는 창피함이 버겁게 느껴졌었다.

다른 과제는 나도 처음이었기에 배우는 과정이라 여겼다. 하지만 전공 수업만큼은 달랐으면 했다. 특히 소설과 시나리오를 쓰고, 서로의 작품을 합평하는 것만큼은 자신 있었다. 그런데 그 자신감은 1학년 1학기, 첫 수업에서 산산이 부서졌다. 처음 들었던 소설창작 수업에서 단편소설을 제출했고, 모두가 각자의 주제로 글을 써냈다. 매시간 두 작품씩 돌아가며 합평을 했다.

합평은 작품의 감상부터 좋은 점과 부족한 점을 낱낱이 짚어가는 과정이었다. 주로 부족한 점을 많이 꼬집지만, 작품의 발전을 위한 채찍이라면 기꺼이 맞을 수 있다고 생각했다.

동국대 문장과에는 나처럼 실기 시험을 보고 입학한 학생도 있었고, 성적이나 논술 전형으로 들어온 학생도 있었다. 그래서 소설을 처음 써보는 경우도 꽤 있었다. 특히 시를 전공한 학생들이 그랬다. 나에게 시가 어렵듯 그들에게는 소설이 낯설고 버거운 영역이었다.

퇴고까지가 과제였기에 그들의 소설을 문장 하나하나 뜯어보며 피드백을 전했다. 내가 아는 것을 다 쏟아냈다. 마치 지식을 뽐내기라도 하는 것처럼.

한 사람이 피드백을 마치면 교수님이 덧붙여 말씀하셨다.

분명 작가를 위한 작품 분석임에도, 피드백을 끝내고 나면 늘 마음이 떨렸다. 내가 잘못 해석한 건 아닐까 하는 불안과 내 분석에 공감해 주기를 바라는 마음이 동시에 들었다. 여기서만큼은 아무리 선배들이라도 나만큼 글을 많이 보고 많이 써본 사람은 없을 테니 뭔가 달라야 하지 않을까 싶은 생각이었다.

그 생각이 내 멘탈을 조금씩 좀먹고 있던 것이었다. 내 작품에 숨겨진 의도, 심혈을 기울인 문장력, 매끄러운 전개를 보고 교수님과 학우들이 놀라줄 거라 기대했었다. 하지만 현실은 정반대였다. 제목부터 시작해 이해되지 않는 인물들의 행동, 엉성한 문장들까지 혹평이 쏟아졌다. 그래도 교수님은 다르실 거라 믿었지만, 끝내 내 소설이 문제였다.

제대로 된 합평을 처음 받고는 어질어질했다. 남의 일에서 내 일이 되니 말처럼 쉽게 받아들여지지 않았다. 충격의 여파로 교수님께 메일까지 보냈다. 그땐 어리석게도 내 작품이 아닌 그들의 감상이 틀렸다고 생각했다. 사실 잘못된 건 아무것도 없었다. 내가 간과하고 있던 것들을 정직하게 찔러준 것뿐이었다. 정신을 차리지 못했을 뿐이다.

돌이켜보면 전부 내 자만이고 오만이었다. 내가 다른 신입생들보다 낫다고 자부할 만한 건 아무것도 없었다. 그렇게 믿고 싶었던 내 자존심이 문제였다.

1학년 때 세게 부딪혀 정신을 차리고 나니, 2년 뒤 같은 교수님께 다시 합평을 들었을 땐 그때 지적받았던 문제들을 다시 지적당하지 않았다. 오히려 좋게 읽고 분석해 주는 경우도 많았다. 어쩌면 그들도, 나도 그 시간 속에서 함께 성장해 온 것인지도 모르겠다.

같은 과에서
마주친 동갑 후배

 학교에서 내가 블로그에 쓴 글을 읽고 용기를 내 입학했다는 후배를 만나게 될 확률은 얼마나 될까? 간간이 글을 올리며 유지해 오던 블로그가 있었다. 블로그 마케팅 회사에 다닐 때 만들었던 블로그였다. 처음에는 주로 맛집이나 체험단 후기를 올렸고, 입시를 준비하면서는 연극이나 영화를 본 감상도 함께 기록했다. 그러다 가끔은 일상에서 느낀 점을 쓰는 일기장이 되기도 했고, 독립출판 소식을 알리는 공간이 되기도 했다. 방문자가 많은 편은 아니었지만, 늘 기록하는 데에 의의를 뒀다.
 입시에 합격했을 무렵, 학교 선택을 두고 고민하는 글을 올렸었다. 문창과를 준비하는 입시생이라면 대부분 자신의 후기를 남기거나 다른 사람의 후기를 찾아보며 정보를 공유하곤 한다. 같은 시제를 받고 다른 사람들은 어떤 식으로 글을 썼는지를 파악해 보고, 내 글과 비교해 보며 미리 결과를 짐작해 보기도 한다. 워낙 조심스러운 과정이다 보니 정보가 많지는 않지만, 같은 길을 걷는다는 것만으로도 위안이 될 때가 있다. 그 글에는 댓글도 제법 달렸다. 대부분은 어느 대학을 선택했는지를 묻는 댓글이었다.

사실 그보다 조금 앞서 서울예대에 먼저 합격한 뒤 장황한 후기를 블로그에 올린 적이 있었다. 그땐 당연히 서울예대에 진학하게 될 줄 알았기에 감격에 젖어 지난 10년의 시간을 되짚었다. 다시 재수를 하고, 돌고 돌아 대학에 합격하기까지의 서사를 풀어냈다. 극작과를 준비하는 학생들에게 도움이 되는 서울예대 블로그를 운영하겠다는 포부도 함께 적었다. 그저 누군가와 이 기쁨을 나누고 싶었다. 어쩌면 지금 이 순간에도 나처럼 고민하고 있을 누군가가 이 글을 보며 위로받을 수 있기를 바랐는지도 모른다.

그리고 그런 마음이 통했던 걸까. 댓글로 많은 응원을 받았다. 얼굴도 모르는 사람들이 내 글을 읽고 자신의 고민을 털어놓기도 했고, 짧지만 진심 어린 대화를 나누기도 했다. 그런 교류가 있다는 것만으로도 서로에게 큰 힘이 될 수 있다는걸, 나는 누구보다 잘 알고 있었다.

대학 선택에 대한 고민을 담은 글을 마지막으로 블로그는 방치 상태가 되었다. 마땅한 콘텐츠가 없었고 이렇다 할 글을 올릴 여유도 없었다. 수업과 과제에 집중하며 바쁘게 지낸 탓도 있었다. 이전에 남겼던 글들은 여전히 공개된 상태였지만, 내 기억 속에서는 점점 희미해지고 있었다. 새롭게 달린 댓글에도 답글을 달지 못할 정도였다. 블로그는 시간이 멈춘 듯 여전히 2019년에 머물러 있었다. 잊고 있던 블로그의 존재를 다시 떠올리게 된 건 3학년 1학기 무렵이었다. 전공 수업 중 하나로 서사 문화를 주제로 실습을 하는 시간이 있었고, 팀플 과제로 하나의 작품을 선택해 분석해야 했다. 당시 조 편성이 어떻게 이뤄졌는지는 잘 기억나지 않지만, 내가 쓴 블로그 글을 읽었다던 후배와 같은 조가 되어 처음 만나게 되었다.

처음엔 서로의 존재를 잘 몰랐고 모든 것이 조심스러웠다.

자기소개를 나누던 중 그 친구가 먼저 나이가 많다는 말을 꺼냈다. 나도 놀라우면서 반가운 마음에 나 역시 그렇다고 말을 붙였다. 그제야 후배는 어렴풋이 나를 떠올린 듯 수업이 끝난 후 조심스럽게 말을 걸었다. 혹시 블로그를 하지 않느냐고.

갑작스러운 질문에 잠깐 멈칫했다. 기억도 가물가물한 블로그 얘기를 왜 꺼내나 싶었다. 대충 그런 것 같다고 답하자 자신이 예전에 대학 합격 후기를 읽은 적이 있는데, 그게 내가 쓴 글인 것 같다고 말했다. 그리고 그 글을 보고 용기를 내 입학을 결심할 수 있었다고 했다. 그 말을 듣는 순간, 뒷덜미에 소름이 돋았다. 정말 내가 쓴 글이 누군가를 움직일 수 있다는 것. 그게 가능하단 걸 현실로 마주한 순간이었다.

우리는 다음 수업 전까지 학교 벤치에 앉아 더 많은 이야기를 나눴다. 후배가 나를 한눈에 알아볼 수 있었던 건 합격 후기 글에 내가 20대 후반이라고 밝혔기 때문이었다. 그 친구는 나보다 한 학번 아래였지만 나이는 동갑이었고 입시를 준비하며 여러 번 망설였다고 했다. 그러다 우연히 내 글을 읽게 되었고, 그 글 덕분에 마음을 다잡아 대학에 입학할 수 있었다고 했다.

그리고 학교에서 나를 만나게 되면 꼭 고맙다는 말을 전하고 싶었다고도 했다. 그 친구의 말 하나하나가 신기하게 들렸다. 같은 학과였지만 전혀 접점이 없던 두 사람이, 우연히 같은 수업에 같은 조가 되어 마주할 확률은 얼마나 될까. 어안이 벙벙할 정도로 기이한 경험에 한동안 주변 사람들에게 신나게 말하고 다녔다.

그 후로 우리는 따로 만나 과제를 같이 하고 개강총회도 함께 갔다. 혼자였다면 괜히 민폐가 되진 않을까 망설였을 자리였지만, 나와 같은 사람이 또 있다는 사실만으로 큰 위안이 되었다. 코로나19 이후 처음 열린 개강총회라 참여한 학번도 다양했고 인원도 많았다. 고깃집을 통째로 빌려 조를 나눠 앉아 술을 마시고 어울리는 자리였다. 우리는 다른 조가 되었지만, 멀리서 서로를 확인하며 잘 적응하고 있는지를 살폈다. 그 친구 덕분에 용기를 낼 수 있었고, 모른 채 졸업할 뻔했던 대학의 낭만을 진하게 맛볼 수 있었다. 시끌벅적한 분위기에 기가 빨려 1차만 마치고 조용히 나왔지만, 그때 서로를 보며 웃을 수 있었던 순간이 오래도록 기억에 남았다.

  만약 내가 블로그에 글을 남기지 않았다면 그 만남은 이루어지지 않았을지도 모른다. 하지만 그보다 더 중요한 건 내겐 그저 지나간 한 장면처럼 느껴졌던 글도 누군가에겐 진심 어린 응원이 되고, 간절히 바라던 일의 실마리가 될 수 있다는 것이다. 그걸 직접 경험했기에 나는 지금도 글을 쓴다. 그게 내가 에세이 쓰는 걸 멈추지 못하는 이유다.

졸업 논문까지 쓰고도
졸업 못 하는 이유

 한 번의 휴학도 없이 쉼 없이 달려왔다. 늦은 나이에 대학에 입학한 만큼 빨리 졸업해야 한다는 생각이 강했지만, 중간에 휴학을 고민한 적도 몇 번 있었다. 한 번은 비대면 수업이 길어질 때였고, 또 한 번은 방학 동안 시작한 아르바이트가 뜻밖에 잘 맞았을 때였다. 코로나19는 언젠가 끝나겠지 하며 버텼고, 알바는 오랜만에 느껴보는 안정감이었기에 잠시 안주하고 싶은 마음도 생겼다. 스크린골프장 안내데스크 일은 생각보다 편했다. 진상 손님도 없었고, 함께 일하는 사람들도 괜찮았다. 평일 알바였기에 1년쯤 휴학하며 재정비하고 천천히 대학 생활을 즐겨볼까 싶기도 했다. 하지만 주변에서 다들 졸업이 먼저라고 말렸고, 결국 개강을 앞두고 아르바이트를 그만뒀다.

눈 깜짝할 사이에 4학년이 되어 있었다. 입학하고 2년은 집에서만 지냈다. 4학년이 되어서도 학교보다는 학원에서 강사로 지냈으니, 정작 학교를 다닌 건 1년 남짓이었다. 그럼에도 일생에 단 한 번뿐인 대학 생활이라고, 나름대로 기대했던 것들이 있었다. 봄이 오면 과잠을 입고 잔디밭에 앉아 시간을 보내는 것, 학교 앞 유명한 맛집에서 시그니처 메뉴를 먹어보는 것, 공강 시간에 단짝 친구랑 명동에 나가 쇼핑하는 것, 교내 백일장에 참가해 상 한 번 받아보는 것, MT에 가보는 것, 희곡분과에 들어가 밤새 연극 준비를 해보는 것, 축제 때 1열에서 연예인 무대를 즐기고, 학생들이 여는 주점에서 술 한 잔 마셔보는 것. 아직 해보지 못한 일들이 고스란히 아쉬움으로 남아 있었다.

만약 코로나19가 장기화되지 않았다면 내 대학 생활은 달라졌을까. 달라졌다면 더 나은 쪽이었을까, 아니면 그렇지 못한 쪽이었을까. 어떤 쪽이든 직접 겪어봤다면 지금처럼 후회나 아쉬움은 덜했을지도 모른다. 물론 현재까지는 역사상

길이 남을 학번이라는 타이틀을 얻었고, 과잠을 사두고도 몇 번 못 입은 게 아쉬워 동네에서라도 입고 다녔던 기억이 많지만 말이다.

그럼에도 실보다 득이 많았다. 비대면 수업 중에도 등록금 인하가 없다는 이슈는 있었지만, '동국대학교 학생'이라는 이름이 주는 이점은 분명 존재했다. 그 신분 덕분에 내가 속한 세계는 분명히 확장되었다. 무엇보다도 궁금했던 건 동국대학교 문예창작과의 학생들은 어떤 글을 쓰는지, 수업은 어떤지, 4년제 대학이라는 곳은 어떤 곳인지 직접 겪어봤다는 사실 자체가 큰 자산이었다.

1학년 때부터 수업의 수준이 높다고 느꼈다. 글쓰기 하나로 대학에 왔기에 창작 외의 공부엔 애초에 큰 관심도, 재능도 없었다. 그럼에도 졸업을 위해선 피할 수 없는 교양 과목들이 있었다. 참고서적은 두껍고 내용도 어려웠다. 그중 외국어 수업과 세계 명작 세미나가 가장 힘들었다. 동국대 내에서도 유독 어렵기로 유명한 수업들이었다. 세미나는 고전을 읽어 발표하고, 과제와 토론까지 모두 해내야 학점을 받을 수 있었다. 무려 세 과목을 수강해야 했다. 그마저도 높은 학점을 받는 건 어려워 재수강을 하는 경우도 많았다.

  나는 학점에 민감한 편은 아니었다. 오직 졸업만을 목표로 했고, F만 받지 않으면 그걸로 족했다. 다만 소설창작 수업만큼은 유일하게 A+을 받고 싶었고 실제로 그랬다. 나머지 과목들은 대부분 B, 때론 C나 D도 있었다. 그래도 F가 아니라는 데에 늘 안도했다. 어차피 학점으로 취업할 생각도 없었기에 재수강을 하느니 그 시간에 글 한 편을 더 써서 공모전에 내는 게 낫다고 생각했다.

  낮은 학점은 그만큼 그 수업이 어렵고 따라가기 힘들었다는 방증이기도 했다. 분명 한국어로 수업을 듣고 있었지만, 정신을 차리고 보면 무슨 말이었는지 기억조차 안 날 때가 많았다. 전공에서도 이론 수업은 특히 어려웠다. 문학 이론 수업은 대부분 연세 지긋한 교수님들이 맡으셨다. 그만큼 연구도 깊고 업적도 많으신 분들이었기에 더더욱 한계를 절실히 느꼈다. 그분들의 설명을 온전히 받아들이기엔 내 지식의 그릇이 너무 작다는 걸 매 수업 느꼈다.

  혼나기도 많이 혼나고, 창피도 많이 당했다. 수업 중 지목을 당해 발언해야 할 때 엉뚱한 대답을 한 적도 있었다. 부끄럽고 자존심에도 상처가 났지만, 오히려 그 때문에 더 많은 논문과 논평을 찾아봤다. 하나의 작품을 읽고 개인의 감상으로 끝내는 것이 아니라, 그 안에 담긴 의도와 설정된 장치, 그것들이 세상과 어떻게 맞닿아 있는지를 풍성하게 보려 애썼다. TV와 영화 보기를 좋아해서 글을 쓰기 시작했던 소녀가, 어느새 글 하나에 담긴 깊이와 철학을 꿰뚫어 보려는 숙녀가 되어가고 있었다. 내가 알고 있는 것이 전부가 아니라는 걸 깨달은 시간들이었다.

동국대학교는 국어국문학과 문예창작이 통합된 학부였고, 두 전공을 모두 이수하거나 하나만 선택할 수 있었다. 나는 애초부터 두 전공을 다 이수할 계획으로 수업을 들었고, 각 전공에 필요한 졸업논문과 졸업 작품도 완성했다. 모든 졸업요건을 채웠다고 생각했고 4학년 2학기를 마친 겨울에 졸업을 신청했다.

하지만 어쩐지 졸업은 반려되었다. 이유는 영어성적을 제출하지 않았다는 것이었다. 졸업요건에는 공인 인증 영어시험 중 하나를 선택해 응시하고, 일정 점수를 취득한 성적표를 제출해야 한다는 조건이 있었다. 영어가 자신 없어 미루고만 있던 차에, 교내에서 개설한 외국어 수업을 두 번 듣고 학점을 취득하면 이를 대체할 수 있다는 사실을 알게 되었다. 분명 그 조건에 맞춰 수업을 듣고 학점을 채웠다고 생각했다.

하지만 착각이었다. 기존 외국어 수업 외에 추가로 두 번을 더 이수해야 하는 조건이 있었고, 나는 이 점을 놓친 채 수료가 되어버렸다. 이미 계절 학기도 신청할 수 없는 상황이었다. 결국, 공인 영어시험을 보고 일정 점수를 받아야 졸업이 가능한 상황이 되었다. 처음부터 걱정이던 영어가 끝내 발목을 붙잡은 셈이었다.

도저히 시작할 엄두가 나지 않았다. 주변 사람들은 기본적인 영어만 할 줄 알아도 조금만 공부하면 통과할 수 있다고 했다. 하지만 막막했다. 퇴학을 고민한 적도 있었다. 하지만 여기서 모든 걸 내려놓기엔 그동안 쌓아온 시간이 아까웠다. 그렇게 차일피일 미루다 보니 벌써 2년이 흘렀다. 이제는 숙제처럼 남아버린 졸업. 언젠가는 끝내야 했다. 또 다른 시작을 위해서.

나를 마주하게 한 문장들

가끔은 방향을 정했다는 사실이 더 불안하게 느껴진다.
갈 길은 먼데, 아직 나는 출발선 근처를 맴돌고 있다.

"이제야 목적지를 정했지만 / 가려 한 날 막아서네, 난 갈 길이 먼데."

〈신호등〉 中, 이무진

나는 이제 막 걸음을 뗐고,
가끔은 겁이 나 도망치고 싶기도 하다.
그래도 이제는 안다.
누구에게나 속도의 차이가 있다는걸,
그리고 그 차이가 틀림이 아니라 다름이라는걸.

2021년의 가을, 동아리 부원들과 매주 토요일마다 신촌에 모였었다. 코로나19의 집합 제한도 우리를 막지 못했고, 법의 테두리 안에서 청춘의 한 페이지를 써 내려갔다. 막차가 끊길 때까지 회의를 하기도 부지기수. 24시 카페에서, 코인노래방에서 밤을 지새웠다. 그 당시 내 18번 노래. 목적지는 정해졌으나 흔들리기도 여러 번. 순탄치만은 않았기에 그 시절이 더 아련한지도 모르겠다.

5장

글과 함께,
꿈꾸던 삶은 현재 진행 중

"정답은 없지만, 분명해진 방향"

알바생에서 강사로,
가르치는 일을 한다는 건

 공부와는 거리가 먼 삶이었기에 살면서 누군가를 가르쳐 본 경험은 없었다. 언제나 가르침을 받는 입장이었다. 그래서 누군가를 가르친다는 건 아무나 할 수 있는 일이 아니라고 생각했다. 직장생활을 할 때 선임으로서 업무를 알려준 적은 있었지만, '공부'를 가르치는 일을 내가 하게 될 줄은 한 번도 상상해 본 적 없었다.

 그랬던 내가 '나도 할 수 있지 않을까?'라는 생각을 처음 하게 된 건 대학교 1학년 때였다. 재학 중에도 생활비와 등록금을 마련하기 위해 알바를 알아봤지만, 코로나19로 인해 여의치 않았다. 고민 끝에 내가 직접 겪고 체득한 재능을 살려 입시 과외를 시작하기로 했다. 한 사람의 중요한 입시를 내가 책임진다는 게 처음에는 부담스러웠지만, 그래도 한 번쯤 나 자신을 믿어보기로 했다. 어떤 방식으로 입시를 준비해 왔고, 어떤 것들이 실제로 도움이 되었는지를 정리해 나만의 커리큘럼을 짰다. 그리고 블로그에 모집 글을 올렸다. 과외 경험은 한 번도 없었지만, 그간의 글쓰기 관련 경력과 수상 내역을 함께 적었다. 이런 나에게도 과연 문의가 올까 반신반의했지만, 석 달쯤 지났을 무렵 드디어 첫 수강생이 생겼다.

 첫 수강생을 시작으로 금세 세 명의 수강생이 모였다. 주말에는 알바도 시작했기에 과외는 세 명까지만 받기로 했다. 일대일 개인 과외였고 수강생과 중간 거리에 있는 스터디룸에서 수업을 진행했다. 나를 믿고 지원해 준 것만으로도 책임감을 느껴 매주 열심히 수업을 준비하고 가르쳤다. 과외를 하면서 나 자신에게도 많은 도움이 되었다. 가르치기 위해 더 많이 읽고, 더 깊이 분석하고, 수업에 필요한 작법 자료들을 정리하다 보니 자연스레 내 글에 대한 감각도 살아났다. 세 명의 수강생 글을 매주 읽고 피드백하면서 글을 보는 눈도 더 넓어졌다.

무엇보다 내가 나를 믿으니 수강생들도 곧잘 따라왔다. 매주 글을 쓰고 피드백을 받는 일이 결코 쉽지 않았지만, 그 과정을 성실하게 해낸 수강생들은 결과도 좋았다. 첫 수강생이 원하던 대학에 합격했다는 소식을 전해줬을 땐 나 역시 함께 그 기쁨을 느꼈다. 고맙다는 인사를 받으며 비로소 안도와 보람을 함께 느낄 수 있었다. 더 좋은 대학에 보내지 못한 아쉬움도 없진 않았지만, 함께한 시간과 노력이 결실을 맺는 그 순간은 그 어떤 말로도 다 표현할 수 없는 감정이었다. 나도 누군가에게 선생이라 불릴 수 있다는 것, 그 자질을 인정받은 것 같아 마음 깊이 벅찼다.

과외는 내가 스스로 커리큘럼을 짜고 수업과 상담까지 모두 해야 했다면, 학원은 이와는 조금 달랐다. 내 방식대로 수업을 이끌기보다 정해진 커리큘럼과 시스템을 따라야 했다. 과외 경험이 있다고 해서 학원 수업도 잘할 수 있을 거라고는 쉽게 생각하지 않았다. 그러던 중 2학년 여름방학, 독서논술학원에서 단기 아르바이트를 한 적이 있었다. 일주일 남짓한 짧은 기간이었고, 직접 수업을 하는 것도 아닌 단순 업무였다. 문예창작과를 우대한다는 말에 지원했던 자리였다. 그런데 원장님께서 내 이력과 태도를 좋게 보셨는지 나중에 강사를 해볼 생각은 없냐고 물으셨다. 2학년을 마친 대학생도 강사로 채용할 수 있으니, 학교를 다니며 파트타임으로 시작해 보는 것도 좋다고 하셨다. 그때는 거리도 멀고 학업에 집중하고 있을 시기라 진지하게 받아들이진 않았지만, 4학년이 된 지금 다시금 그 말이 떠올랐다.

4학년이 되어서는 수업을 이틀에 몰아 들을 수 있었고, 나머지 시간은 다른 일을 해보고 싶은 마음이 컸다. 다른 4학년들이 취업 준비를 하며 취업계를 내는 것처럼 나도 학교 바깥에서 무언가를 해보고 싶었다. 하지만 주중에도 학교에 나가야 했기에 주 5일제 직장은 애초에 선택지에 없었다. 이리저리 생각을 하다 보니 문득 학원이 떠올랐다. 독서 논술학원은 생각보다 많았고, 마침 집 근처 학원에서 강사를 채용 중이었다. 강사 경력이 없는데도 뽑힐까 싶었지만, 지원서를 넣었고 운 좋게 면접까지 통과했다.

그즈음엔 그런 꿈도 꿨다. 강사로 유명해져서 많은 돈을 버는 상상. 사실 그때 나는 무엇을 해야 할지 정확하게 감이 잡히지 않았다. 내 작품을 써야겠다는 생각에 무작정 극단에도 들어가 봤다. 하지만 학업과 병행하는 입장에서 그 모든 열정을 다 쏟을 수 있을지 고민스러웠다. 돌아보면 그만큼 마음이 움직이지 않았던 것 같다. 이후 유튜브 대본을 쓰는 재택근무에도 합격했지만, 막상 업무 내용을 듣고 나니 그 일에 애정을 갖고 꾸준히 할 자신이 없었다. 결국 내가 가장 잘 알고, 잘할 수 있는 게 무엇인지 곰곰이 생각해 보았다. 그 결론이 나를 다시 학원으로 이끌었다.

연령대는 고등학생에서 초등학생으로 낮아졌지만, 오히려 수업의 난이도는 더 높았다. 처음이었기에 의욕이 넘쳤던 나는 학교를 다니며 평일과 주말까지 주 4일 근무를 시작했다. 원래는 주 5일 전임제였지만, 학원에서 내 상황을 배려해 조정해 준 덕분이었다. 전임 강사였기에 전 학년을 모두 맡아야 했고, 학년별로 매주 정해진 책을 읽고 수업을 준비해야 했다. 한 달 동안은 다른 선생님들의 수업에 참관하면서 수업방식과 시스템을 익혔다. 그 시간을 지나고 나니 걱정보다는 잘 해낼 수 있을 거란 기대가 더 컸다.

학생들 앞에 서는 일은 마치 무대에 오른 배우처럼 느껴졌다. 모든 아이들이 나만 바라보고 내 말에 집중하는 순간들. 숫기 없는 나에겐 다소 부담스러운 일이기도 했지만, 그만큼 미리 시뮬레이션을 돌려보고 수업 준비에 공을 들였다. 수업을 하고 학생들과 소통하는 일 자체는 즐거웠지만, 과외를 할 때보다 신경 써야 할 부분은 훨씬 많았다. 어린 학생들이 집중할 수 있도록 목소리와 손짓, 눈빛에 힘을 실어야 했고, 수업 흐름을 따라오지 못하는 아이는 없는지 세심하게 살펴야 했다. 장난을 치며 말을 걸어오는 아이들에게 당황하기도 했지만, 진지하게 문제를 풀고 글을 쓰는 모습을 볼 때면 괜히 기특한 마음이 들었다.

직접 아이들을 마주하고 나니 모든 선생님들이 새삼 대단하게 느껴졌다. 단순히 지식이 많고 수업을 잘한다고 끝나는 일이 아니었다. 아이들의 마음을 열고, 눈높이에 맞춰 들어주며, 공부를 통해 성취감을 느낄 수 있도록 도와주는 일까지 모두 포함된 일이었다. 처음에 넘쳤던 열정과 자신감은 예상치 못한 상황들 앞에서 자주 꺾였다. 어떻게 해야 할지 몰라 머리를 싸매던 날들이 많았고, 집에서는 선생님이나 학원 강사, 육아 관련 영상을 보며 스스로 공부했다. 인내심에 한계를 느낄 때면 내가 정말 좋은 선생이 될 수 있을까 하는 회의감이 들기도 했다.

  그럼에도 불구하고 포기하지 않았던 건, 계속해보고 싶다는 마음이 분명히 있었기 때문이었다. 한계에 부딪혔을 때 도망치기보다 다른 방법을 찾기 위해 애썼고, 그게 통했을 때 느끼는 성취감은 말로 다할 수 없었다. 잘하려는 만큼 내가 성장하고 있다는 게 보였고, 함께 일하는 사람들의 도움과 응원이 있었기에 버틸 수 있었다. 학생들의 성적이 오르고, 내게 마음을 여는 아이들이 하나둘 생기고, 학부모님들로부터 따뜻한 말을 들을 때면 지난 힘듦은 아무것도 아니었다. 이제야 비로소 내가 잘할 수 있는, 나다운 일을 찾은 기분이었다.

방송작가만 꿈꾸던 소녀는
쓰는 사람으로

　내가 작가라는 꿈을 가지게 된 건 중학교 1학년 때였다. 정확히는 예능 구성작가가 되고 싶었다. 어릴 적 나는 책을 읽는 것보다 TV를 보는 데 훨씬 더 많은 관심이 있었다. MBTI도 '확신의 N'일 만큼 상상, 더 나아가 망상을 습관처럼 즐겼다. 연예인에 대한 환상도 많았지만, 무엇보다 재미있는 프로그램을 기획하는 데 더 큰 흥미를 느꼈다. 물론 짧은 방송작가 생활을 겪으며 직접 프로그램을 기획하려면 상당한 연차가 필요하다는 걸 뒤늦게 알게 되었지만, 그때의 나는 그저 내 창의성을 마음껏 뽐내고 싶은 욕구가 컸다.

　과목 중에선 국어를 가장 좋아했지만, 그렇다고 특별히 잘하는 편은 아니었다. 글을 읽고 쓰는 데 어려움은 없었지만,

문학 작품을 읽고 문제를 푸는 일은 꽤 낯설고 어려웠다. 그래서인지 소설보다는 구어체를 사용하는 대본이 더 잘 맞는다고 생각했다. 좋아하는 예능 프로그램을 보면서도 '나는 공부 중'이라 여겼고, 그 생각 덕에 마음이 편했다. 마치 게임을 많이 하는 아이가 프로게이머가 되겠다는 것과 비슷했다.

연예인에 관심이 많다 보니 팬픽도 자주 읽었고 비슷하게 써보기도 했다. 중학생 시절에는 친구들을 소재로 이야기를 만들어 쓰며 노는 게 취미였다. 문장력은 아직 부족했지만, 친구들의 특징을 살려 상상력을 더한 이야기를 만들어내면 모두가 그 글을 돌려 읽으며 깔깔 웃었다. 자칭 작가를 자처하며 그럴듯하게 흉내만 내던 시절이었다.

고등학생이 되어서도 방송작가가 되겠다는 꿈은 변함이 없었다. 학창 시절에 받은 수상 이력이 줄곧 백일장뿐이라는 걸 떠올렸을 때, 내가 가야 할 길은 이 길뿐이겠다는 확신도 있었다. 다른 것에는 딱히 흥미가 없었다. 그저 혼자 조용히 책을 읽고 내 생각을 글로 옮기고 그 글에 대한 타인의 반응을 보는 것 자체가 내겐 도파민이었다. 방송작가가 되는 길은 여러 갈래였지만, 그중에서도 지상파 3사의 잘 나가는 예능 프로그램에 들어가기 위해선 학력도 중요하다고 여겼다. 지금처럼 다양한 방송사나 웹 예능이 넘쳐나던 시대가 아니었기에 그때 내가 볼 수 있는 세계는 그것뿐이었다. 인맥이 없다면 학력이라도 뛰어나야 할 것 같았고, 그 당시에는 〈해피투게더〉, 〈무한도전〉, 〈런닝맨〉 같은 프로그램의 막내 작가가 되는 게 목표였다.

처음에는 글을 배우고 싶어서라기보다 방송작가가 되기 위한 과정으로 대학에 진학하고 싶었다. 작가들이 많이 진출하는 문예창작과나 극작과는 글을 잘 써야 들어갈 수 있었다. 그래서 입시 실기를 배우는 학원에 등록했다. 유명 대학 합격생을 많이 배출한 학원을 다니면 모든 게 저절로 풀릴 줄 알았다. 하지만 실상은 내 노력과 재능이 8할이었다. 그 당시 나는 문학보다는 예능 프로그램에 더 관심이 많았기에 문장력이나 이야기 구성력은 부족할 수밖에 없었다. 작법을 체계적으로 배우기보다 글을 쓰고 피드백을 받는 수업이 주였고, 팬픽보다 유치한 글을 써내면서도 선생님의 지적과 피드백은 별로 와닿지 않았다.

학원을 옮겨봐도 마찬가지였다. 똑같은 수업을 듣고도 다른 친구들은 대학 백일장에서 척척 수상을 해냈다. 그때 비로소 내가 많이 부족하다는 걸 실감했다. 하지만 정확히 뭐가 부족한지를 몰라서 답답했다. 내가 쓰고 싶은 글이 자꾸만 부정당하는 것 같아 받아들이기 힘들었다. 열정만으로는 안 된다는 현실의 벽을 느꼈지만, 나는 '나는 소설보다 대본을 더 잘 쓸 수 있는데, 구어체가 아니라서 그렇지!' 같은 핑계를 늘어놓기 바빴다. 사실 글을 제대로 배우고 싶었다기보단, 아무도 내 글을 알아주지 않는다는 생각에 서운하고 토라져 있었던 것이다.

내 부족함을 인정하고 스스로를 좀 더 겸손하게 내려놓았어야 했다. 하지만 그 시절의 나는 '내 글은 괜찮은데, 사람들이 몰라줄 뿐'이라는 착각에 빠져 있었다. 결국 옮긴 학원도 몇 개월 다니지 못하고 혼자 입시를 준비했다. 그리고 결과는 전부 불합격이었다.

그럼에도 글을 놓을 수는 없었다. 대학에 가지 못한다 해도 다른 방법으로 방송작가가 될 수 있을 거라 생각했다. 혹은 언젠가는 내 글의 진가를 알아봐 주는 곳을 만나게 되리라는 막연한 믿음도 있었다. 그래서 혼자 글을 써 공모전에 내보기도 하고, 웹소설을 연재하거나 독립출판을 시도하기도 했다. 하지만 글에 대한 고집만으로 인정을 받기에는 역부족이었다. 그제야 비로소 나 자신을 인정하게 되었다. 나는 아직 많이 부족한 사람이고, 그래서 배움이 필요하다는 사실을.

그동안 글을 쓸 수 있는 분야라면 가리지 않고 도전해 왔다. 작사, 웹툰 스토리작가, 카피라이터, 시, 사내 홍보영상, 유튜브 구성작가, 희곡, 매거진, 라디오 작가까지. 겉으로는 비슷해 보여도 각기 다른 분야였다. 그럼에도 어딘가에는 내 능력을 인정해 줄 곳이 있을 것 같았다. 하지만 정작 나는 왜 글을 쓰고 싶은지, 무엇을 쓰고 싶은지는 제대로 들여다보지 못했다. 그저 글을 쓰고 있다는 감각, 그 결핍을 채우고 싶다는 욕망만이 앞섰다. 그러니 제대로 된 결과가 나올 리 만무했다.

그리고 그 고민은 지금도 여전하다. 누군가 내 직업을 물으면 글쓰기 강사 겸 작가라고 답한다. 그러면 자연스레 다시 묻는다. 어떤 글을 가르치고, 어떤 글을 쓰느냐고. 나는 말한다. 소설 작법도 있고, 에세이 쓰기, 문해력 키우기 수업도 있다고. 그리고 에세이를 출간한 지금, 앞으로는 소설집도 낼 예정이라고. 뚜렷하게 '소설가', '시인'처럼 정의할 수 있는 단어는 아직도 낯설지만, 이전과 달라진 점이 하나 있다면 나는 지금 하고 싶은 것이 뚜렷하다는 것이다.

나는 여전히 하고 싶은 일이 많다. 글만 쓰는 작가를 넘어서, 내가 개발한 프로그램으로 커뮤니티를 만드는 모임장. 내가 쓴 작품을 전시로 보여주는 기획자. 글을 기반으로 할 수 있는 창의적인 활동을 상상하고 또 실행에 옮긴다. 예전처럼 갈피를 잡지 못하고 이것저것 찔러보던 때와는 다르다. 지금의 나는 개척하고자 하는 방향을 연구하고 도전하고 때로는 실패하면서도 그 안에서 배운다. 그 모든 과정이 지금은 그저 재미있다.

그래서 생각했다. 꿈을 하나의 명사로만 국한시키지 말자고. '작가'라는 명찰보다, '글을 쓰는 사람'이라는 동사로 열어두자고. 어떤 직업을 가져야 한다는 강박보다는, 어떤 일을 하고 있는지가 중요하지 않을까. 하고 싶은 일을 하고 있다면 그걸로도 충분하지 않을까.

강사도 프리 선언!
목표가 선명해지는 순간

2024년은 내가 작가이자 강사로서 정체성을 확립하게 된 중요한 해였다. 독서 논술 학원에서 학생들을 가르치며 단순히 지식을 전달하는 것을 넘어, 학생들의 눈높이에 맞춰 소통하는 법을 배웠다. 매주 수업을 준비하며 읽은 다양한 책들은 내 독서 세계를 한층 넓혀주었고, 글을 쓰는 과정을 통해 말로는 나누지 못할 학생들의 깊은 생각을 엿볼 수 있었다. 칼럼을 읽고 토론을 이어가는 수업 속에서는 논리란 무엇인지, 생각이 생각을 불러일으키는 지점을 몸소 체험했다.

학생들과의 수업에 점차 깊이가 생길수록 그 너머가 궁금해졌다. 학생들과의 대화도 재미있지만, 나와 비슷한 수준의 사람, 혹은 나보다 더 나은 사람들과 나누는 대화는 또 얼마나 즐거울까 하는 기대감이 피어났다. 대학에 입학해 전공 수업을 들을 때, 언젠가는 나도 훌륭한 소설가가 되어 강단에 서는 교수가 되고 싶다는 막연한 바람이 있었다. 학교에서 문학 작법을 가르치던 교수님들은 대부분 작가로서 이름을 알리거나 활발히 활동 중인 분들이었다. 그들과 함께 작품을 읽고, 토론을 하고 그것을 토대로 내 글을 쓰는 과정이 무척 흥미로웠다. 우리가 흔히 학교에서 배웠던 국어 수업과는 전혀 다른 종류의 재미였다. 창작은 어렵지만, 창작을 위한 과정은 늘 즐거웠다.

당시에는 수업을 최대한 많이 듣고 높은 학점을 받아 조기 졸업을 한다면 대학원까지 빠르게 마칠 수 있지 않을까 하는 계획도 세웠었다. 대학 강단에 서기 위해서는 석사나 박사 학위가 필요했고 그러기 위해선 대학원 과정이 필수였기 때문이다. 막연한 꿈에 구체적인 계획이 더해지자 그 길이 결코 쉽지 않다는 사실이 실감 났다. 대학원에 진학하는 것도 어려운 일이지만, 설령 대학원을 나와도 교수라는 직함을 가질 수 있을지는 장담할 수 없는 일이었다. 그렇지만 관심이 생긴 이후로는 자연스럽게 그 방향으로 시선이 쏠렸다. 학교

게시판에서 청소년 진로 상담 멘토나 강사를 구한다는 공고를 유심히 들여다보게 되었고, 입시 과외를 하고 있는 나 역시 누군가에게 도움이 되는 사람이 될 수 있다는 자신감도 들었다. 직접 지원하진 않았지만, 그 길을 걷고 있다는 감각은 내 안에 또 하나의 작은 동기를 심어주었다.

한 번 강사로의 물꼬가 트이고 나니 다양한 분야의 강사에 도전할 수 있는 눈이 생겼다. 익히 알고 있는 학원 강사만이 강사의 전부는 아니었다. 학생들을 잘 가르쳐서 이름을 알리고 돈을 많이 버는 강사가 되는 것. 그 미래를 좇던 시기엔 그게 마치 내가 원하는 전부인 것 같았다. 하지만 조금씩 질문이 생겼다. 정말 그게 내가 바라던 삶일까. 똑같이 책을 읽고 글을 쓰는 걸 가르친다 해도 어딘가 채워지지 않는 결핍이 있었다. 정해진 커리큘럼을 따라가는 것이 아니라, 하나부터 열까지 오롯이 내가 만든 수업. 그렇게 '나만의 수업'을 해보고 싶었다. 그리고 그 대상은 더 이상 학생이 아니라 성인이었다.

직접 성인이 되어보니 성인이기 때문에 생기는 지적 갈증이 있다는 걸 알게 됐다. 학창 시절처럼 점수를 위해 공부하는 것이 아니라, 삶을 더 풍요롭게 살고 자신을 더 지혜롭게 만들고 싶은 갈망. 그 갈망은 자기 계발의 형태로 나타나 스터디를 하거나 강의를 찾아 듣는 것으로 이어졌다. 그 중심에 '독서'와 '글쓰기'가 있다는 것도 자연스럽게 눈에 들어왔다.

성인이 된 후엔 책을 억지로 읽을 필요가 없다. 그리고 대부분 그럴 여유조차 없다. 일상에 쫓기고 긴 글보다 짧은 영상에 익숙해지면서 점점 생각을 말로 풀어내는 일이 서툴러졌다. 누군가와 감정을 나누는 법, 자신이 느낀 바를 적절한 언어로 표현하는 능력도 점차 흐려졌다. 코로나19 이후 사람들은 더욱 단절됐고 소통의 방식도 잊혀갔다. 자신이 무슨 말을 하고 싶은지도 모르겠다는 사람들, 막연하게라도 글을 써보고 싶다는 사람들. 그런 이야기를 들을 때마다 자연스레 눈길이 갔고, 나는 그들을 위한 수업을 열기로 마음먹었다. 그렇게 어른아이들을 위한 클래스를 시작하게 되었다.

성인들에게 맞는 도서를 선정해 한 권을 4주에 걸쳐 나눠 읽으며, 매시간 글을 쓰는 클래스였다. 책을 미리 읽고 오면 준비한 워크북을 통해 감상을 나누고 그날의 주제에 맞춰 글쓰기를 진행했다. 개인 SNS를 통해 홍보를 했고, 다행히 신청해 주시는 분들이 있었다. 그중 20대 초반의 여대생은 거의 매주 성실히 클래스에 참여했다. 그 수강생의 글을 피드백해 주며 점점 나아지는 모습을 지켜볼 수 있었다.

처음에는 모르는 단어도 많고, 자신의 생각을 표현하는 것이 서툴러 또래 친구들과의 소통에도 어려움이 많다고 했었다. 하지만 몇 주가 지나면서 글에 온기가 돌았고, 자신만의 언어가 조금씩 자리를 잡아갔다. 클래스를 들으면서 많이 나아졌다는 말을 들었을 땐 괜스레 울컥하기도 했다. 어쩌면 누군가에겐 이 시간이, 단순한 수업 이상의 절실한 순간이었을지도 모른다.

개인 SNS를 통한 수업에 점차 모객의 한계를 느끼던 즈음, 우연히 SNS 알고리즘에 뜬 작가 겸 강사의 계정을 보게 되었다. 여러 권의 책을 집필하고 도서관이나 학교 등에서 강의와 특강을 활발히 하고 계신 분이었다. 그의 게시물을 하나씩 들여다보다가 그에게도 처음 강사에 도전하던 시절이 있었다는 걸 알게 되었다. 지금은 강의 의뢰가 자연스레 들어오지만, 한때는 공공기관의 강사 모집 공고에 직접 지원서를 내고 프로필을 만들어 등록하셨던 분이었다.

그제야 강사도 다양한 기관에서 모집하고, 누군가의 선택을 기다릴 수 있다는 것을 알게 되었다. 이후 강사 프로필을 등록할 수 있는 전문 사이트를 발견했고, 그간의 이력을 정리해 하나씩 기재해 올렸다. 며칠간의 심사를 거쳐 프로필은 등록되었지만, 마땅한 강의 경력이 없는 신인 강사에게 바로 연락이 올 리는 없었다. 그렇게 시간이 흘렀고 어느새 등록해 둔 사실조차 잊고 있었다.

몇 달이 지났을까. 믿기지 않게도 첫 연락이 왔다. 지역아동센터에서 글쓰기 수업을 해줄 수 있냐는 의뢰였다. 이전의 독서 논술학원 경력을 보고 연락을 주신 것이었다. 나는 준비해 두었던 커리큘럼을 전달했고, 그렇게 내 첫 강사 활동이 시작되었다. 의뢰를 받아 강의를 하는 강사로서의 첫걸음이었다.

한 번 경력이 생기니 의뢰는 조금씩 이어졌다. 학교, 도서관 등 생각보다 다양한 곳에서 글쓰기 강의 요청이 들어왔다. 담당자와 협의하여 강의 주제를 조율하고 그에 맞게 커리큘럼을 수정하며 매번 새로 준비했다. 나를 믿고 의뢰해주시는 만큼 스스로 부족하지 않도록 자료를 만들고 강의에 최선을 다했다.

  길잡이 없이 걸어가는 길이었다. 내가 잘 가고 있는지 확신이 서지 않을 때도 있었다. 그럴 땐 수강생들이 남겨준 후기를 보며 용기를 얻었다. 그리고 다짐했다. 더 잘 가르치는 강사가 되기 위해 나는 앞으로도 더 많이 배우고, 더 많이 나눌 것이라고.

새로운 창작에 끌려
도전한 글 전시

독립출판을 시작으로 글로 창작할 수 있는 다양한 형태에 자연스레 관심이 생겼다. 꼭 책의 형태가 아니더라도 독창적인 창작물이 하나의 작품으로 인정받고 소비되는 풍경이 흥미로웠다. 전시회를 보러 다니는 게 취미였던 나는 이색적이고 실험적인 작업을 마주할 때마다 묘한 전율을 느꼈다. 그러다 보니 그런 창작자들이 점점 궁금해졌고 내심 동경하게 되었다. 언젠가 그들과 함께 콜라보를 하게 된다면 어떨까? 조심스럽게 상상해 보기도 했다.

그러던 어느 날, SNS에서 글 전시 참가자를 모집한다는 광고를 보게 되었다. 눈길이 멈추고 손끝이 자연스레 광고를 눌렀다. 때마침 2024년 봄이었다. 성인 독서 글쓰기 클래스를 진행하면서 새로운 콘텐츠를 구상하던 시기였기에 그 광고는 어쩌면 운명처럼 느껴졌다. 마치 제2의 뇌처럼 스마트폰은 내가 관심을 가질 만한 것들을 빠짐없이 알고 있는 듯했다. 평소에도 공모전이나 창작과 관련된 광고는 반기는 편이었지만, '글 전시'라는 말은 유독 눈에 들어왔다. 흔히 접할 수 있는 기회가 아니었기에 더욱 그랬다.

2개월 뒤에 열릴 글 전시 참가자를 모집하는 곳은 몇 년째 매달 새로운 전시를 기획해 오던 곳이었다. 압구정의 한 전시 공간에서 매월 드로잉이나 글, 사진 등을 테마로 삼아 한 달 동안만 전시하는 형태였다. 글을 전시한다는 개념 자체가 흔치 않아 처음엔 쉽게 감이 잡히지 않았다. 사진이나 그림처럼 직관적으로 눈에 들어오는 것도 아니고, 글은 일일이 활자를 읽어야 의도를 파악할 수 있으니, 짧은 순간 안에 메시지를 전달하는 것이 과연 가능할지 의문이 들었다. 그럼에도 불구하고 새로운 도전이 될 수 있겠다는 기대가 생겼다. 익숙한 글쓰기나 문학의 형태, 그 너머의 시도를 해볼 수 있을 것 같았다. 무엇을 전시할지는 그다음 문제였다. 머릿속에선 계속해서 "일단 신청하라."는 말이 울리고 있었다.

　간단한 신청서를 작성해 참가 의사를 전했다. 특별한 자격이나 기준이 있다기보다는 '어떤 전시를 기획하고자 하는가'가 더 중요해 보였다. 애초부터 글자가 많은 작품을 전시할 생각은 없었다. 아무리 내용에 변주를 주어도 긴 글은 전시 공간에서 관람자들에게 온전히 읽히기 어렵다고 느꼈다. 대신 사진을 찍어 그 속에 글의 의도를 담아내거나 사진 위에 타이포그래피처럼 글자를 배치하는 포스터 형식의 창작물을 구상했다. 만약 전달하고자 하는 메시지를 꼭 긴 글로 풀어야 한다면, 그건 굳이 '전시'라는 방식이 아니라도 표현할 수 있을 것 같았다.

　그렇게 글 전시 참여자가 되어 본격적으로 작품 구상에 들어갔다. 전시 공간은 1층과 지하로 나뉘어 있었고, 내게 할당된 자리만큼만 작품을 전시할 수 있었다. 형태나 크기엔 제약이 없었기에 제한된 자리 안에서는 자유롭게 구상할 수 있었다. 이전 참가자들의 사례를 찾아보니 창의적인 작품들이 많았다. 물건을 활용하거나 조명을 설치하거나 굿즈를 판매하거나 관람객이 참여하는 방식으로 구성한 경우도 있었다. 그들의 아이디어를 참고하기보다는 나는 어떤 방식으로 나만의 정체성을 보여줄 수 있을지를 고민했다.

가장 먼저 떠오른 건 '글자를 이미지로 구현해 보고 싶다.'는 생각이었다. 그 당시 만나던 남자 친구가 인중에 수염을 기르고 있었는데 그게 마치 '시옷'처럼 보였다. 그 강렬한 수염을 활용해 보고 싶었다. 여기서 더 나아가, 하관을 클로즈업해 코에서 자음이 쏟아져 나오는 이미지를 만들어 보면 어떨까 하는 생각이 들었다. 단순한 이미지에서 시작된 발상이었지만, 점점 강렬하게 느껴졌다. 머릿속에는 이미 구체적인 이미지가 그려졌고, 나는 날 것의 느낌을 살리기 위해 큰 품을 들이지 않기로 했다. 하얀 배경 앞에 남자 친구를 세워 하관을 여러 장 찍고, 사진 편집 어플로 원하는 구도를 만들었다. 필터를 씌워 보정하고, 한 글자 한 글자 자음을 콧구멍에서 흘러나오게 입력했다.

완성된 이미지를 보니 더욱 만족스러웠다. 이걸 크게 인쇄해 전시하면 사람들의 시선을 한눈에 끌 수 있을 것 같았다. 여기서 내 작품성이 인정받아 어쩌면 본격적인 예술가의 길로 들어설 수 있을 거라는 상상도 했다. 남들이 보기에 단순하거나 이상하게 여길 수도 있겠지만, 아무렴 어떤가. 내가 의도한 대로 이미지가 구현됐다는 데에서 오는 만족이 컸다. 그것만으로도 충분했다.

모든 전시 준비는 스스로 해야 했다. 작품 제작부터 운반, 전시 설치까지. 나는 포스터와 표어, 네 장 분량의 짧은 동화, 관람객 코멘트를 받을 판넬까지 비교적 크지 않은 짐들을 챙겨 혼자 대중교통을 타고 전시장으로 향했다. 도착해서 직접 벽에 부착하며 설치를 마쳤다. 한 달간 준비하며 '이 정도면 됐다.'고 생각했지만, 막상 전시장에서 내 작품을 마주하니 아쉬운 부분들이 눈에 들어왔다. 완성도가 높기보다 미숙하더라도 날 것의 느낌을 추구했던 터라 혹여 '대충 한 것처럼 보이진 않을까?' 하는 걱정도 들었다. 다른 창작자들과의 비교에서 오는 불안도 무시할 수 없었다. 하지만 이미 모든 설치는 끝났고 되돌릴 수 없었다. 마음을 비우기로 했다. 이번엔 완성보다 경험에 의의를 두기로 했다.

무더위가 기승을 부리기 시작한 6월, 글 전시가 시작되었다. 여러 창작자들이 함께 참여해 전시장은 빈틈없이 채워졌다. 부모님과 지인들을 초대해 함께 관람했고 내 작품을 소개했다. 전시회를 핑계로 오랜만에 만난 지인들과 시간을 보내고, 축하를 받고, 기념사진을 남기는 순간들 모두가 행복했다. 몇 번이고 같은 전시를 다시 봐도 늘 새로웠다. 비전문가들의 작품일지라도 퀄리티는 높았고, 다채롭게 즐길 거리도 많았다. 덕분에 평일에도 관람객들이 제법 있었고, 가끔 SNS에 내 작품 앞에 멈춰 선 관람객의 사진이 올라올 때면 그렇게 뿌듯할 수가 없었다.

글 전시는 내게 또 하나의 경험이 되었다. 이력에 남길 수 있는 이색적인 활동이자, 스스로에게는 한 걸음 확장된 도전이었다. 시간이 흐를수록 독립출판을 했던 경험이 강의나 인터뷰 제안으로 이어지곤 했는데 그런 점에서 남들이 쉽게 해보지 않는 일을 먼저 해보는 건 나중에 관심을 갖는 이들을 이끌 수 있는 힘이 된다는 걸 새삼 느낀다. 글 전시는 처음엔 미지의 영역처럼 느껴졌지만, 막상 부딪혀보니 내 세계가 확장되는 경험이었다. 단순히 활자를 나열하는 글에서 벗어나 새로운 형태의 창작물을 만들고, 그 안에서 나만의 정체성과

의미를 구현해 내는 것. 그것을 보고, 읽고, 공유하고, 체험하는 과정. 그게 내가 이번 전시에서 느낀 글의 새로운 매력이었다.

요즘 들어 글을 읽지 않는 시대가 오고 있다는 걸 점점 더 체감한다. 독서는 점점 영상 콘텐츠에 밀리고, 그마저도 짧은 영상에 익숙해지고 있다. 책을 내고 글을 쓰는 사람으로서 그런 현상을 마주할 때마다 고민이 많다. 그런 와중에 만난 글 전시는 그래서 더 반가웠다. 단순히 전시라는 형식에 머무르지 않고, 누군가에게 나라는 사람을 보여주는 행위. 그것만으로도 글 전시는 충분한 의미를 가진다. 처음이라 어렵고 낯설었지만, 막상 해내고 나니 후련했다. 문득 생각해 본다. 다음엔 내가 직접 기획자가 되어 나만의 글 전시를 열어보면 어떨까 하고.

내가 담긴 공간,
유니크글공방!

내가 해야 할 일이 명확해지면서 그 일들을 감당할 수 있는 공간이 필요해졌다. 소위 말하는 작업실. 글을 쓰고, 강의 자료를 만들고, 더 나아가 사람들과 글쓰기 모임을 할 수 있는 그런 공간. 하지만 작업실을 구한다는 건 말처럼 쉽지 않았다. 적절한 위치, 조용한 환경, 월세와 공과금까지 감당할 수 있는 비용. 과연 매달 비용을 지출하면서까지 꼭 필요한 공간인지 나 자신에게 되묻게 됐다.

물론 글이라는 건 노트북만 있다면 어디서든 쓸 수 있다. 카페도 있고 집도 있고 도서관도 있다. 하지만 책상 앞에 오래 앉아 생각하고 글을 짜내야 하는 사람에게는 각자 '잘 쓸 수 있는' 환경이 있다. 내게는 조용하면서도 탁 트인 뷰가 그랬다. 생각은 많은데 정리가 되지 않을 때, 가만히 멍하니 바라볼 풍경이 필요했다. 그런 의미에서 사방이 꽉 막힌 집은 늘 숨이 막혔다. 아무리 조용해도 오랫동안 앉아 있기 힘든 구조였다.

엄청난 작가도 아니면서 작업실을 갖겠다는 건 어쩌면 사치고 욕심일 수도 있다. 하지만 내게 작업실은 단지 글을 쓰는 공간 이상이었다. 매번 독립서점을 찾아갈 때마다 느껴지는 따스한 분위기가 좋았다. 책장에 진열된 책들, 주인의 취향이 고스란히 묻어나는 가구, 그리고 누구든 편히 들어와 둘러볼 수 있는 구조. 외진 곳에 자리해도 일부러 찾아가고 싶게 만드는 이유가 있었다. 나도 그런 공간을 만들고 싶었다. 글을 쓰고, 전시하고, 판매하고, 누군가와 나누는 공간.

대학에 가기 전부터 그런 꿈을 막연히 품어왔지만, 이제는 실행할 수 있는 힘이 생겼다는 게 다르다. 그저 독립출판을 한 번 해본 사람에서 글을 체계적으로 배우고 가르치는 사람으로 자리를 잡아가고 있다. 작가이자 강사로서, 그 배움과 경험이 내 안에 차곡차곡 쌓였다. 그래서 확신할 수 있었다. 내가 작업실을 갖는다면 분명 그 안에서 내가 원하는 일들을 해낼 수 있을 거라고.

　한번 마음을 먹고 나니 하고자 하는 욕구가 걷잡을 수 없이 커졌다. 길을 지날 때마다 '임대 문의' 문구가 붙은 빈 상가들이 밤까지 눈에 아른거렸다. 조건에 맞는 곳을 찾기 위해 며칠이고 부동산 매물을 들여다봤다. 그렇게 한 달쯤 되었을까. 어느 날, 네이버 부동산에서 집 근처 괜찮은 매물을 발견했다. 내부 사진은 없었지만, 금액과 조건이 꽤 괜찮았다. 주소를 검색해 로드뷰를 띄우는 순간 숨이 탁 트였다. 내가 상상해 오던 그 공간이었다. 통유리로 된 상가, 바로 앞엔 공원이 있고, 역과도 가까운 한적한 골목. 한눈에 반해버렸다. 놓칠 수 없었다. 다음 날 바로 현장으로 달려갔다.

　실제로 마주한 공간은 현재 창고로 쓰이는 듯, 유리창마다 검은 시트지가 붙어 있어 내부가 보이지 않았다. 부동산에 전화를 걸어 열쇠를 받아 들어가 보았다. 6평 남짓한 공간 안은 자재들로 가득했지만, 구조나 채광, 전체적인 분위기는 완벽했다. 월세도 내가 정한 예산 안에 딱 들어맞았다. 화장실이 없는 점이 조금 걸리긴 했지만, 그건 감수할 수 있는 수준이었다. 큰 창업을 염두에 둔 것도 아니었기에 우선은 작업실로서 기능하면 충분했다. 그렇게 일주일쯤 고민하다가 결국 가계약을 맺었다.

예전 자취방을 구할 때처럼 마음에 쏙 들면 결정은 빠른 편이다. 물론 살아보며 예상 못 한 문제들과 마주하게 될 수도 있지만, 그런 건 살아봐야 아는 일이라고 생각했다. 상가 계약에 대해서는 전무했지만, 어떻게든 해내겠다는 마음이 더 컸다. 무엇보다 일거리는 늘어가고 있는데 글을 쓸 수 있는 공간이 마땅치 않으니 절박할 수밖에 없었다.

며칠 뒤, 짐이 빠진 공간을 다시 찾았다. 시트지가 제거된 통유리를 통해 쏟아지는 햇살, 싱크대와 에어컨이 설치된 내부는 생각보다 훨씬 깔끔했다. 인테리어도 예상보다 손볼 게 없었다. 페인트 공사 정도만 하고도 공간이 새롭게 살아났다. 푸른 나무들이 창 너머로 펼쳐지는 그 자리에서 빨리 글을 쓰고 싶다는 마음이 들끓었다.

청소를 하고, 책상과 의자, 기타와 마네킹까지 들이기까지는 일주일도 채 걸리지 않았다. 원목 책상과 라탄 의자처럼 내가 원하던 분위기의 가구들로 하나씩 채워 넣었다. 서툴지만 내 취향이 가득 담긴 공간이 점차 '작업실'이라는 형태를 갖추어 가고 있었다.

  이제 시작이다. 임대인의 말로는 이곳에 있던 사람들 모두 잘 되어서 나갔다고 한다. 지금도 작업실에서 글을 쓰고 있는 이 순간, LP로 음악을 틀고, 커피머신으로 아이스 아메리카노를 내려 마시며 바깥 풍경과 시원한 바람에 나른해지는 시간들이 참 소중하다. 언젠가는 이곳에서 아주 작은 낭독회를 열어보고 싶다. 계절이 바뀔 무렵이면 한 번쯤 글을 쓰는 사람들끼리 모여 서로의 문장을 소리 내어 읽고, 아무도 서두르지 않는 시간 속에서 조심스레 마음을 나누는 자리. 말수가 적은 사람도, 망설임이 많은 사람도 이 공간에선 괜찮다고 느끼게 되는 그런 시간. 지금은 막연한 상상이지만, 그조차 나를 앞으로 조금씩 움직이게 한다. 이 공간은 단지 머무는 곳이 아니라, 나다운 삶이 천천히 열리는 시작점이 되어준다. 이 평온한 순간들을 나와 같은 사람들과 나눌 수 있다는 설렘이, 지금 이 공간에 고요하게 깃들어 있다.

> 나를 마주하게 한 문장들

사람은 누구나 한 번쯤은 기적을 바란다.
기다림이 길어질수록 마음은 점점 초라해지고,
그럴수록 더 간절해진다.
지금보다 조금은 나아지기를,
지금보다는 덜 흔들리기를.

그럼에도 마음은 여전히 말하고 있다.

"한 번만이라도 기적을 바라고 / 잘되길 바라는 마음을"

〈잘되길 바랄게〉 中, 소수빈

그 마음은 비단 한 사람만을 향한 것이 아니라,
지금 이 순간,
삶을 살아가는 모든 사람들에게 닿기를 바라는 마음이다.

누군가는 오늘 밤에도 기적을 바라고 있을 테니까.
그 모든 마음이 언젠가 닿기를,
그리고 정말로, 잘 되기를.

마지막 페이지를 장식할 가사는 어떤 게 좋을지 고심하다가 마침내 잘될 것을 알기에. 아직 고민 중인 사람도, 이제 막 결심 앞에 선 사람도 모두 잘 되길 바라는 마음.

에필로그

✹

　돌이켜보면 이 책은 '나 잘 버텼다.'고 말하고 싶어 쓴 건지도 모르겠다. 그동안의 기록을 꺼내어 다시 써 내려가면서 내가 어떤 마음으로 이 길을 걸어왔는지, 또 얼마나 자주 흔들렸고, 포기하려 했는지를 그제야 또렷이 마주하게 되었다.

　세상에 내 이야기를 내놓는다는 건 늘 조금은 부끄럽고, 조금은 무섭다. 하지만 어쩌면 우리는 모두 자신만의 이야기를 써 내려가며 살아가는 존재일지도 모른다.

　이 책이 누군가의 마음에 잠시라도 머물 수 있다면, 어디선가 홀로 고민 중인 한 사람에게 "당신도 괜찮아요."라고 조용히 속삭일 수 있다면 그걸로 충분하다고 생각한다.

　꿈이라는 단어가 어쩐지 낯설고 나는 여전히 부족하다고

느끼는 사람에게 나의 이 솔직한 기록이 작은 용기가 되길 바란다.

그리고 앞으로의 나는, 더 잘 쓰기보다
더 '내 마음 그대로' 쓰는 사람이고 싶다.